VADE-MÉCUM
DOS REMÉDIOS JURÍDICOS DE DEFESA DA LIBERDADE INDIVIDUAL DE LOCOMOÇÃO

$\oint LumenJuris|$ Editora

www.lumenjuris.com.br

Editores
João de Almeida
João Luiz da Silva Almeida

Conselho Editorial

Adriano Pilatti
Alexandre Morais da Rosa
Diego Araujo Campos
Emerson Garcia
Firly Nascimento Filho
Flávio Ahmed
Frederico Price Grechi
Geraldo L. M. Prado
Gina Vidal Marcilio Pompeu
Gisele Cittadino

Gustavo Noronha de Ávila
Gustavo Sénéchal de Goffredo
Helena Elias Pinto
Jean Carlos Fernandes
João Carlos Souto
João Marcelo de Lima Assafim
João Theotonio Mendes de Almeida Jr.
José Emílio Medauar
Lúcio Antônio Chamon Junior
Luigi Bonizzato

Luis Carlos Alcoforado
Manoel Messias Peixinho
Marcellus Polastri Lima
Marcelo Ribeiro Uchôa
Marco Aurélio Bezerra de Melo
Ricardo Lodi Ribeiro
Roberto C. Vale Ferreira
Sérgio André Rocha
Victor Gameiro Drummond
Sidney Guerra

Conselheiro benemérito: Marcos Juruena Villela Souto (*in memoriam*)

Conselho Consultivo

Andreya Mendes de Almeida Scherer Navarro
Antonio Carlos Martins Soares
Artur de Brito Gueiros Souza

Caio de Oliveira Lima
Francisco de Assis M. Tavares
Ricardo Máximo Gomes Ferraz

Filiais

Sede: Rio de Janeiro
Centro – Rua da Assembléia, 36,
salas 201 a 204.
CEP: 20011-000 – Centro – RJ
Tel. (21) 2224-0305

São Paulo (Distribuidor)
Rua Correia Vasques, 48 –
CEP: 04038-010
Vila Clementino – São Paulo – SP
Telefax (11) 5908-0240

Minas Gerais (Divulgação)
Sergio Ricardo de Souza
sergio@lumenjuris.com.br
Belo Horizonte – MG
Tel. (31) 9296-1764

Santa Catarina (Divulgação)
Cristiano Alfama Mabilia
cristiano@lumenjuris.com.br
Florianópolis – SC
Tel. (48) 9981-9353

JOAQUIM DE CAMPOS MARTINS

VADE-MÉCUM
DOS REMÉDIOS JURÍDICOS DE DEFESA DA LIBERDADE INDIVIDUAL DE LOCOMOÇÃO

EDITORA LUMEN JURIS
RIO DE JANEIRO
2014

Copyright © 2014 *by* Joaquim de Campos Martins

Categoria: Direito Público

PRODUÇÃO EDITORIAL
Livraria e Editora Lumen Juris Ltda.

Diagramação: Camila Cortez

A LIVRARIA E EDITORA LUMEN JURIS LTDA.
não se responsabiliza pelas opiniões
emitidas nesta obra por seu Autor.

É proibida a reprodução total ou parcial, por qualquer
meio ou processo, inclusive quanto às características
gráficas e/ou editoriais. A violação de direitos autorais
constitui crime (Código Penal, art. 184 e §§, e Lei nº 6.895,
de 17/12/1980), sujeitando-se a busca e apreensão e
indenizações diversas (Lei nº 9.610/98).

Todos os direitos desta edição reservados à
Livraria e Editora Lumen Juris Ltda.

Impresso no Brasil
Printed in Brazil

CIP-BRASIL. CATALOGAÇÃO-NA-FONTE

M386v

Martins, Joaquim de Campos
Vade-mécum dos remédios jurídicos de defesa da liberdade
individual de locomoção / Joaquim de Campos Martins. – Rio de
Janeiro : Lumen Juris, 2014.
184 p. ; 21 cm.

Bibliografia: 161-166.

ISBN 978-85-67595-78-8

1. Direito Público – Brasil. 2. Habeas corpus – Brasil
Liberdade provisória – Brasil. 4. Relaxamento de Prisão
em Flagrante – Brasil. 5. Revogação de Prisão preventiva
e temporária – Brasil. I. Título.

CDD- 342.81

Agradecimentos

Agradeço em primeiro lugar a Deus, por ter me permitido elaborar mais este trabalho.

À minha mulher, Maria da Graça, amiga e companheira de longos anos, que sempre lê os meus escritos, motivando-me a exercitar a imaginação na área do Direito.

O autor

Sumário

Lista de Abreviaturas XIII

Apresentação 1

Capítulo I - Da Liberdade 3

Considerações iniciais 3

Capítulo II - Da Prisão 7

1. Conceito e modalidades 7

2. Da Prisão em Flagrante: conceito e espécies 9

   2.1. Especiais Situações de Flagrantes 11

   2.2. Requisitos Formais do
       Auto de Prisão em Flagrante 13

Notas Explicativas 15

3. Da Prisão Preventiva: conceito 19

   3.1. Exigências legais 21

Notas Explicativas 23

   3.2. Prisão Preventiva Domiciliar 24

4. Da Prisão Temporária: conceito 25

   4.1. Requisitos 25

Notas Explicativas 27

5. Das Prisões Resultantes de Pronúncia e
   de Sentença Penal Condenatória Recorrível 28

6. Do Mandado de Prisão 29

   6.1. Regras sobre o Cumprimento
       do Mandado de Prisão 30

7. Da Prisão em Perseguição 32

8. Da Força Física Para Realização da Prisão 34

8.1. Do Uso de Algemas	35
8.2. Do Uso da Arma Taser	36
9. Da Prisão Especial	38
10. Da Prisão Extrapenal	43

Capítulo III - Das Medidas Cautelares Diversas da Prisão ... 45

1. Requisitos e tipos	45
Notas Explicativas	48
2. Liberdade Provisória: conceito e disciplinamento legal	49
3. Fiança: conceito e disciplinamento legal	50
Notas Explicativas	56

Capítulo IV - Dos Princípios Fundamentais do Processo Penal ... 59

Do Devido Processo Legal	60
Da Presunção de Inocência	61
Da Legalidade	63
Do Contraditório e da Ampla Defesa	64
Do Controle Jurisdicional	66
Do Juiz Natural	66
Da Imparcialidade	67
Da Publicidade dos Atos Processuais	68
Da Motivação das Decisões Judiciais	70
Da Licitude das Provas	71
Do Duplo Grau de Jurisdição	73
Da Celeridade Processual	75
Da Dignidade Humana	76
Da Não Auto-Incriminação	78
Da Iniciativa das Partes e do Impulso Oficial	79

Da Verdade Real (Material ou Substancial) 80

Da Identidade Física do Juiz 81

**Capítulo V - Dos Remédios Jurídicos de Defesa da
Liberdade Individual de Locomoção** 85

1. *Habeas Corpus*: conceito, classificação,
natureza jurídica e disciplinamento legal 86

1.1. Hipóteses de Cabimento 87

Notas Explicativas 92

1.2. Competência para Conhecer do *Habeas Corpus* 94

1.3. Legitimidade: Ativa e Passiva –
Requisitos e Processamento do HC 95

Notas Explicativas 99

1.4. Regra Básica de Identificação da Competência
para Apreciação e Julgamento do *Habeas Corpus* 102

2. Pedido de Relaxamento da Prisão em Flagrante 103

Notas Explicativas 104

3. Pedido de Liberdade Provisória 105

4. Pedidos de Revogação de
Prisão Preventiva e Temporária 106

5. Mandado de Segurança Criminal – MSC 107

**Capítulo VI - Dos Modelos Práticos Exemplificativos
dos Remédios Jurídicos de Defesa da
Liberdade de Locomoção** 111

1. Orientação Importante para
Elaboração da Petição do HC 112

Notas Explicativas 113

2. Modelo Padrão de Petição de *Habeas Corpus*
que pode ser adaptado para diversos
casos de acordo com a tese desenvolvida. 114

3. Orientações Para Elaboração dos Pedidos de Relaxamento de Prisão em Flagrante, Liberdade Provisória e Revogação de Prisão Preventiva e Temporária. 117

3.1. Pedido de Relaxamento de Prisão em Flagrante – Requisitos............................ 117

3.2. Pedido de Liberdade Provisória – Requisitos.............. 118

3.3. Pedido de Revogação de Prisão Preventiva - Requisitos 119

3.4. Pedido de Revogação de Prisão Temporária – Requisitos.. 119

4. Orientação Para Elaboração da Petição do MSC 120

Notas Explicativas 121

5. Fungibilidade dos Remédios Jurídicos 122

6. Modelos de Pedidos de Relaxamento de Prisão em Flagrante, Liberdade Provisória e Revogação de Prisão Preventiva e Temporária 123

6.1. Pedido de Relaxamento de Prisão em Flagrante: estado de flagrância não configurado. 123

6.2. Pedido de Relaxamento de Prisão em Flagrante: por ser ilegal ante a apresentação espontânea do acusado. 126

6.3. Pedido de Liberdade Provisória Compromissada (sem fiança), por falta de justa causa para prisão cautelar. 129

6.4. Pedido de Liberdade Provisória com Fiança 132

6.5. Pedido de Revogação de Prisão Preventiva – falta de fundamentação no decreto prisional. 134

6.6. Pedido de Revogação de Prisão Preventiva – Não descumprimento de medida judicial. 137

6.7. Pedido de Revogação de Prisão Temporária –
inexistência de fundamento que justifique
a medida cautelar 140

7. Modelo Padrão de Petição de Mandado de
Segurança Criminal que pode ser adaptado
para outros casos de acordo com a tese desenvolvida. 143

Capítulo VII - Questionário Rememorativo 147

1. Perguntas Subjetivas.. 147

2. Questões Práticas 151

Capítulo VIII - Conclusões Finais 159

Bibliografia 161

Lista de Abreviaturas

APF	Auto de Prisão Em Flagrante
Art.(s)	Artigo(s)
CADH	Convenção Americana de Direitos Humanos
CF	Constituição Federal
CP	Código Penal
CPC	Código de Processo Civil
CPP	Código de Processo Penal
CRFB	Constituição da República Federativa do Brasil
CTB	Código de Trânsito Brasileiro
DDHC	Declaração dos Direitos do Homem e do Cidadão
DUDH	Declaração Universal de Direitos Humanos
EAOAB	Estatuto da Advocacia e a Ordem dos Advogados do Brasil
EC	Emenda Constitucional
ECA	Estatuto da Criança e do Adolescente
HC	*Habeas Corpus*
LEP	Lei de Execução Penal
LICC	Lei de Introdução do Código Civil
LOMAN	Lei Orgânica da Magistratura Nacional
LONMP	Lei Orgânica Nacional do Ministério Público
MSC	Mandado de Segurança Criminal
OBS.	Observação
RT	Revista dos Tribunais
STM	Superior Tribunal Militar

STJ	Superior Tribunal de Justiça
STF	Supremo Tribunal Federal
TJ	Tribunal de Justiça
TJM	Tribunal de Justiça Militar
TRE	Tribunal Regional Eleitoral
TRF	Tribunal Regional Federal
TSE	Tribunal Superior Eleitoral

Apresentação

Este livro é fruto da soma das experiências por nós vivencia-das no exercício da prática forense, com elaboração de trabalhos jurídicos e leituras diárias de doutrina, jurisprudência e peças processuais variadas, do forum ao tribunal, adquirindo direta-mente diversos conhecimentos teóricos e práticos indispensáveis ao bom desempenho de qualquer ofício na seara jurídica.

No campo do Direito Penal e Processual Penal os nossos conhecimentos estão associados não só à prática da atividade judiciária, mas também a pesquisas e estudos jurídicos en-gendrados a partir da nossa trajetória acadêmica no Curso de Pós-Graduação, ministrado pela Escola da Magistratura do Distrito Federal durante o ano de 1997, e em outros cursos de aperfeiçoamento jurídico, nos quais também estivemos foca-do nestas áreas do Direito.

A obra vem a lume condensada, inicialmente, em único volume, tendo por objetivo principal orientar o acadêmico de Direito e o advogado iniciante que pretendem atuar na área criminal, a respeito dos direitos à liberdade pessoal e como proceder para defendê-los.

No intuito de propiciar uma leitura dinâmica e fluente, sem interrupção para consulta a texto anexo, evitamos trans-crever trechos de obras jurídicas com remissão a notas de rodapé, sem, contudo, suprimir a indispensável menção aos autores e suas obras.

É intenção nossa, portanto, contemplar o profissional da área com mais esta obra, redigida em linguagem simples, objetiva e direta que, a exemplo de uma anterior, é prática, in-formativa e atualizada, e, pela maneira exposta do conteúdo, ainda não aventada no Direito pátrio, o auxiliará a execer com efetividade a missão de defender os direitos fundamentais no que tange à privação da liberdade de locomoção.

Nesse sentido, são feitas algumas considerações iniciais sobre o vocábulo liberdade, com especial destaque para os princípios da legalidade e presunção de inocência.

Após, seguindo a legislação, doutrina e jurisprudência pátrias, define-se o instituto da prisão e respectivas espécies, apontando as demais medidas cautelares existentes, bem como o remédio jurídico adequado para fazer cessar ou impedir qualquer restrição ao direito de liberdade física.

Em seguida, com base na exposição e comentários dos princípios fundamentais que regem o processo penal vigente, são confeccionados alguns modelos práticos exemplificativos contendo as exigências necessárias para obtenção da liberdade de locomoção violada ou ameaçada de violação. Não se trata de modelos específicos para todas as situações ocorrentes, haja vista que em matéria criminal cada caso é um caso, mas servem para delinear como e quando um instrumento de defesa criminal da liberdade ambulatória deve ser elaborado.

Em todos os pontos do estudo, carecedores de maior atenção, são inseridas notas explicativas e observações a respeito, fundamentadas na legislação transcrita aplicável à espécie, visando sanar dúvidas por ventura existentes.

Ao final, encontra-se elaborado um questionário rememorativo sobre a matéria exposta, com perguntas subjetivas e questões práticas a serem solucionadas, buscando aprimorar o conhecimento do leitor neste campo jurídico.

Nossa expectativa - sem a intenção de exaurir ou resolver as inúmeras peculiaridades que o tema apresenta - é a de que este singelo manual seja proveitoso ao leitor, assim como desejamos êxito na sua utilização, esperando sugestões construtivas no sentido de aprimorá-lo cada vez mais.

O autor

Capítulo I - Da Liberdade

Considerações iniciais

"A regra é a liberdade e a privação da liberdade é a exceção à regra."

Ayres Britto

Antes de tudo, faz-se mister tecer algumas considerações indispensáveis acerca do substantivo **liberdade** que, *lato sensu*, pressupõe a aptidão natural do ser humano ter o livre arbítrio, de haver algo em seu íntimo capaz de torná-lo senhor de si, de seus desejos e impulsos, pois uma conduta somente será considerada livre quando praticada dentre as diferentes possibilidades de opções existentes.

No entanto, liberdade não é só querer, é também poder fazer o que se quer, haja vista que vivemos em sociedade organizada onde o poder de agir, segundo a própria determinação, deve ser exercido dentro dos limites impostos por normas definidas, já que o extremo de nosso direito é o direito do próximo. A desatenção a esse princípio essencial produz, constantemente, a desarmonia e a intranquilidade. As implicâncias dessa equivalência de direitos são grandes. Logo, não nos é lícito, na vida comunitária, dar livre expansão às nossas vontades sem respeitar as dos outros, visto que a liberdade tem natureza restringível.

Nessa ordem de ideias, observa-se que o nosso ordenamento jurídico constitucional seguiu a influência do iluminista Montesquieu, autor do livro "O Espírito das Leis", para o qual a liberdade nada mais é senão *"o direito de fazer tudo quanto as leis permitem".* (1996, p. 163). Pensamento que se coaduna com o princípio da legalidade positivado no artigo 5º, inciso II, da nossa Constituição Federal, segundo o qual ninguém será obrigado a fazer ou deixar de fazer alguma coisa senão em virtude de lei.

Neste contexto, pode-se dizer que a liberdade consiste em poder fazer tudo aquilo que não prejudique o próximo, considerando que o exercício dos direitos naturais de cada ser humano tem por limites legais aqueles que asseguram aos outros membros da sociedade o gozo dos mesmos direitos.

De forma mais ampla, a liberdade pode ser entendida como um conjunto de direitos fundamentais reconhecidos ao indivíduo, considerado isoladamente ou em coletividade, em face da autoridade estatal, ou seja, é o poder que tem o cidadão de exercer a sua vontade de fazer, ir e vir dentro dos limites que a lei lhe faculta.

Por outro lado, liberdade, no sentido de estado ou condição de uma pessoa livre, capaz de exercer o seu direito de ir e vir, significa direito à liberdade pessoal, física, à liberdade de movimento, ou seja, o direito de não ser detido ou aprisionado, ou de qualquer modo fisicamente condicionado a um espaço, ou impedido de se movimentar, nos limites da lei. Trata-se da liberdade individual, entendida aqui como a liberdade ambulatorial ou de locomoção, tema central do presente estudo.

Com efeito, num regime de Estado Democrático de Direito como o instituído em nosso País, com respeito e garantia das liberdades civis, isto é, dos direitos humanos e liberdades individuais, a segregação prévia do ser humano somente pode ocorrer diante de uma razão de extrema necessidade, pois, privá-lo da liberdade física, antes do julgamento final, faz pesar sobre ele a presunção do crime, causando a si e à sua família enormes prejuízos, sacrifícios e sofrimentos irreparáveis, em violação frontal ao princípio da presunção de inocência que impera no ordenamento jurídico nacional.

Em verdade, foi sempre assim o pensamento de nossas Constituições anteriores que, embora de forma acanhada, já

Vade-Mécum dos Remédios Jurídicos de
Defesa da Liberdade Individual de Locomoção

vinham ostentando este princípio, que teve origem na Declaração dos Direitos do Homem e do Cidadão de 1789 (DDHC), fruto da Revolução Francesa, e foi reiterado na Declaração Universal dos Direitos Humanos de 1948 (DUDH), sendo que o documento posterior que o perpetuou foi a Convenção Americana Sobre Direitos Humanos (CADH), conhecida como Pacto de San José da Costa Rica, firmado em 22 de novembro de 1969, do qual o Brasil também é signatário.

A primeira Constituição do Brasil, outorgada por D. Pedro I, em 1824, previa: "À exceção do flagrante delito, a prisão não pode ser executada senão por ordem escrita da autoridade legítima. Se esta for arbitrária, o juiz, *que a deu, e quem a tiver requerido, serão punidos com as penas que a lei determinar.*" (art. 179, inc. X).

A segunda, de 1891, elaborada pela Assembleia Nacional Constituinte que se reuniu logo após a proclamação da República, consagrava: "À exceção do flagrante delito, a prisão não poderá executar-se senão depois da pronúncia do indiciado, salvo os casos determinados em lei, e mediante ordem escrita da autoridade competente." (art. 72, § 13).

A Constituição de 1934 (art. 113, 21) e a Carta de 1937 (art. 122, 11) também albergavam semelhantes disposições.

A Carta Política de 1946 encerrava algumas disposições a respeito, destacando no art. 141, § 20: "*Ninguém será preso senão em flagrante delito ou, por ordem escrita da autoridade competente, nos casos expressos em lei.*"

A Constituição de 1967, alterada substancialmente pela EC nº 1/1969, no art. 153, § 12, assim também declarou, acrescentando que "*A lei disporá sobre a prestação de fiança. A prisão ou detenção de qualquer pessoa será imediatamente comunicada ao juiz competente, que a relaxará se não for legal.*"

Todavia, apenas a Constituição Cidadã de 1988 em seu artigo 5º, inciso LVII, o positivou verdadeiramente no ordenamento jurídico, nos seguintes termos: "*ninguém será considerado culpado até o trânsito em julgado da sentença penal condenatória.*"

Dessa forma, a nossa Carta Magna atual ao dispor sobre o princípio da presunção de inocência ou, como preferem alguns, do estado de inocência ou não-culpabilidade, obriga o Código de Processo Penal a encontrar um equilíbrio entre a prerrogativa da pretensão punitiva do Estado e o direito à liberdade assegurado ao cidadão, pois, mesmo que pese sobre ele uma imputação criminosa, só poderá ser declarado definitivamente culpado quando a decisão judicial condenatória transitar em julgado, ou seja, não comportar mais quaisquer tipos de recursos ao Poder Judiciário.

Em suma, o referido princípio é uma das mais importantes garantias constitucionais previstas na CRFB/88, pois é em virtude dele que o cidadão, acusado em um processo crime, assume a sua condição de sujeito de direito na relação processual, não podendo ser considerado culpado antes da sentença definitiva. Apenas em razão de necessidade extrema é que se pode admitir exceção a esta regra, haja vista que a nossa consciência jurídica repugna a privação da liberdade de quem ainda não foi julgado definitivamente, sob o crivo do devido processo legal.

Pode-se concluir, portanto, que o direito à presunção de inocência atinge não só o mérito concernente à culpabilidade do acusado, mas também a forma pela qual ele é tratado durante todo o curso da investigação e instrução criminal, como deve ser protegida a sua liberdade, integridade física e psíquica, honra e imagem, impedindo-se abusos e humilhações descabidas, sob pena de danos irreparáveis não só ao seu *status libertatis*, mas, sobretudo, ao seu *status dignitatis*, bens jurídicos de valor imensurável.

Capítulo II - Da Prisão

1. Conceito e modalidades

"Quem abre uma escola fecha uma prisão."

Victor Hugo

Ao compulsar a doutrina pátria encontramos preciosos conceitos de prisão elaborados por diversos juristas de escol. No entanto, para efeito do presente estudo, formularemos um conceito próprio que mais se ajusta a este manual. Nesse desiderato, podemos afirmar que prisão, em sentido eminentemente jurídico, nada mais é do que a supressão da liberdade ambulatória, ou seja, do direito de ir e vir, mediante clausura, determinada por ordem escrita e fundamentada de autoridade judiciária competente ou em situação concreta de flagrante delito.

Vê-se, pois, que existem apenas duas formas de prisão no nosso ordenamento jurídico: por ordem judicial e em flagrante delito.

Entretanto, são reconhecidas pelo Direito pátrio várias espécies de prisão, qualificando-a a doutrina de diferentes modos, não havendo um consenso acerca da matéria.

O sistema jurídico brasileiro, contudo, classifica a prisão em duas categorias: penal e extrapenal.

Na primeira hipótese, o Direito Processual Penal faz distinção entre dois tipos básicos de prisão, quais sejam: prisão com pena e a prisão sem pena.

Prisão com pena é a prisão definitiva, fundada no cumprimento de uma decisão penal condenatória, com trânsito em julgado, decorrente de um processo crime norteado pelos princípios constitucionais e processuais penais. Esta espécie de prisão tem natureza verdadeiramente repressora, sancionadora e punitiva. Assim, se exauridas todas as possibilidades de alteração do objetivo do processo, com os meios recursais devidamente ultrapassados, o Estado deve, por sua vez, cumprir seu papel perante a sociedade, com a cominação, aplicação e execução da pena. Por prisão sem pena – objeto do presente trabalho - deve--se entender toda a forma de prisão processual ou cautelar em sentido amplo, assim considerada em razão de recair sobre a pessoa mesmo sem haver decisão judicial definitiva. Logo, por não ser irrecorrível, reveste-se de mero caráter precário, podendo ser decretada ou cassada a qualquer tempo, durante a fase inquisitiva ou da instrução processual.

Por conseguinte, a sua decretação não decorre de condenação e tem como objetivo resguardar o processo de conhecimento, porquanto, em alguns casos, se esta medida não for adotada, privando o sujeito de sua liberdade mesmo sem uma decisão definitiva, quando esta for prolatada, já não será possível a aplicação da lei penal. Tem, pois, a prisão provisória, caráter de urgência e necessidade, que serve de instrumento para se atingir o fim colimado pelo processo, ou seja, a satisfação da pretensão punitiva.

Com efeito, reza o artigo 283 do Código de Processo Penal, na redação que lhe deu a Lei nº 12.403/2011, *in litteris*:

> *Ninguém poderá ser preso senão em flagrante delito ou por ordem escrita e fundamentada da autoridade judiciária competente, em decorrência de sentença condenatória transitada em julgado ou, no curso da investigação ou do processo, em virtude de prisão temporária ou prisão preventiva.*

Depreende-se, da nova redação dada ao artigo 283 do CPP, que são espécies de prisão processual ou cautelar: a prisão em flagrante, a prisão preventiva e a prisão temporária.

Não obstante a dicção do artigo retrocitado, é bem verdade que a prisão em flagrante não mais deve subsistir como prisão cautelar, pois quando for o caso de sua manutenção, sempre dará lugar à prisão preventiva, tendo em vista que a nova legislação pôs fim à manutenção da segregação cautelar decorrente do flagrante delito, porque agora, ao receber o Auto de Prisão em Flagrante (APF), o juiz deverá, *ex vi* do art. 310 do CPP, caso presentes os requisitos legais, converter a prisão em flagrante em preventiva. Portanto, em rigor, não existem mais outras modalidades de prisão cautelar diversas da prisão preventiva (arts. 312 e 313 do CPP) e da prisão temporária (Lei nº 7.960/89). Ou a prisão em flagrante é ilegal e o juiz a relaxa, ou é legal e será convertida em preventiva, salvo se cabível a liberdade provisória. No entanto, dada a atual divergência doutrinária sobre a sua existência como medida cautelar, para não ingressar na polêmica que divide alguns doutrinadores de escol, vamos considerá-la ainda como tal apenas para efeito didático.

Passemos, então, a estudar primeiramente as três modalidades de prisão cautelar existentes no sistema processual penal brasileiro: a prisão em flagrante, a prisão preventiva e a prisão temporária.

2. Da Prisão em Flagrante: conceito e espécies

Trata-se de uma modalidade de medida cautelar, de caráter administrativo, autorizada pela CF/88 (art. 5º, inc. LXI), consistente na segregação provisória de alguém, independente de ordem judicial, desde que pratique infração penal nas circunstâncias previstas nos incisos I a IV, do artigo 302, do Código de Processo Penal, *in verbis*:

Art. 302. Considera-se em flagrante delito quem:

I - está cometendo a infração penal;

II - acaba de cometê-la;

III - é perseguido, logo após, pela autoridade, pelo ofendido ou por qualquer pessoa, em situação que faça presumir ser autor da infração; IV - é encontrado, logo depois, com instrumentos, armas, objetos ou papéis que façam presumir ser ele autor da infração.

A palavra **flagrante, é consabido,** provém da expressão latina *flagrans, flagrantis* (do verbo *flagrare*), que significa arder, queimar, que está em chamas.

Juridicamente, para o criminalista Júlio Fabbrine Mirabete, flagrante delito, vem a ser *"o delito que está sendo cometido, praticado, é o ilícito patente, irrecusável, insofismável, que permite a prisão do seu autor, sem mandado, por ser considerado a certeza visual do crime."* (Código de Processo Penal Interpretado, 1994, p. 350).

É, portando, a visualização do crime, plenamente comprovado, que está acontecendo ou acabou de acontecer. É o óbvio, o evidente.

As principais espécies de flagrantes encontram-se consagradas pela doutrina no artigo 302 do Código de Processo Penal:

Flagrante próprio ou real (incs. I e II do art. 302-CPP).

Flagrante impróprio ou quase-flagrante (inc. III).

Flagrante presumido ou flagrante ficto (inc. IV).

Esta modalidade de prisão (em flagrante) poderá ser efetuada por qualquer pessoa do povo, constituindo dever da autoridade policial e seus agentes prender quem for encontrado em situação de flagrante delito (art. 301 do CPP).

Daí se dessume que o flagrante pode ser classificado como:

Facultativo: realizado por qualquer do povo, no exercício regular de um direito.

Obrigatório: realizado pela autoridade policial e/ou seus agentes, no estrito cumprimento de um dever legal.

A recaptura de preso evadido, em princípio, também não depende de prévia ordem judicial e poderá ser efetuada por qualquer pessoa (art. 684 do CPP). De sorte que são duas as possibilidades de prisão por qualquer indivíduo (flagrante e recaptura).

2.1. Especiais Situações de Flagrantes

Nos crimes permanentes, ou seja, aqueles em que o momento da consumação se prolonga no tempo por vontade do agente, enquanto não cessar a permanência, entende-se o agente em estado de flagrância (art. 303 do CPP). Assim, como nestes crimes a lei não estabelece um intervalo de tempo para a permanência, enquanto durar a privação da liberdade ambulatória da vítima, poderá ocorrer a prisão em flagrante. Temos como exemplos, entre outros, os crimes de sequestro e cárcere privado (art. 148 do CP) e extorsão mediante sequestro (art. 159 do CP).

De outro modo, nos delitos habituais, nos quais a consumação reclama a prática reiterada de determinadas condutas ilícitas, em regra não cabe prisão em flagrante, pois, neste caso, exige-se prova da reiteração de atos, ou seja, da habitualidade. Cite-se, por exemplo, o exercício ilegal da medicina, arte dentária ou farmacêutica (art. 282 do CP).

Já nos crimes de ação penal privada ou pública condicionada, a prisão em flagrante somente será admitida se houver requerimento da vítima ou de seu representante legal, antes do ato; ou se manifestarem o desejo de oferecer queixa oportunamente. Nesta hipótese, a prisão deve ser ratificada pelo ofendido ou seu representante dentro do prazo de expedição da nota de culpa, que é de vinte e quatro horas. Caso contrário, não será lavrado o auto de prisão em flagrante contra o acusado, devendo, por consequência, permanecer em liberdade.

Flagrante Preparado ou Provocado: ocorre quando uma pessoa induz outra a praticar um ato criminoso, e, ao mesmo tempo, toma providências para que esta seja presa, de forma tal que se perceba que tais medidas tornaram absolutamente impossível a consumação do crime. Há a preparação e, concomitantemente, a adoção de medidas próprias para que o crime não venha a se consumar, ocorrendo, na hipótese, um delito impossível ou putativo, em decorrência de ação ardilosa do agente provocador.

O exemplo clássico desta situação é a do patrão que, desconfiado de seu empregado, facilita a subtração de mercadorias em sua loja, ao mesmo tempo em que coloca policiais de atalaia para que no momento do furto ocorra a prisão.

É importante frisar que diante desta situação aplica-se a Súmula 145 do STF, cujo enunciado declara que: *"Não há crime quando a preparação do flagrante pela polícia torna impossível a sua consumação."* É um flagrante inválido.

Flagrante Esperado: acontece quando a polícia toma ciência, na maioria dos casos de forma anônima, de que um crime irá ocorrer e fica aguardando o momento da execução para efetuar a prisão.

Trata-se de um flagrante válido.

Flagrante Forjado ou Fabricado: surge quando policiais ou particulares criam provas falsas de um crime inexistente para prender alguém em flagrante, depositando, por exemplo, substância entorpecente no interior de bolsa, sacola, mochila ou veículo alheios. Neste caso, o flagrante *é* tido como inválido, visto que não há crime algum, devendo o policial ou particular que assim agir, responder por crime de abuso de autoridade ou denunciação caluniosa, conforme o caso.

O flagrante forjado é nulo de pleno direito.

2.2. Requisitos Formais do Auto de Prisão em Flagrante

O Auto de Prisão em Flagrante (APF) é o documento elaborado, de regra, sob a presidência da autoridade policial, no qual ficam constando as circunstâncias do crime e da prisão. Efetuada, pois, a prisão em flagrante, ao elaborar o respectivo auto, a autoridade policial deve tomar, dentre outras, as seguintes providências de ordem constitucional: comunicar imediatamente a prisão ao juiz competente e à família do preso ou à pessoa por ele indicada (art. 5º, inc. LXII, da CF/88); informar ao preso seus direitos, inclusive o de calar-se, assegurando-lhe a assistência da família e de advogado (art. 5º, inc. LXIII, da CF/88); e entregar ao preso a nota de culpa (art. 5º, inc. LXIV, da CF/88).

Ainda, nesse sentido, dispõe o Código de Processo Penal em seus artigos abaixo transcritos, *in litteris*:

> *Art. 304. Apresentado o preso à autoridade competente, ouvirá esta o condutor e colherá, desde logo, sua assinatura, entregando a este cópia do termo e recibo de entrega do preso. Em seguida, procederá à oitiva das testemunhas que o acompanharem e ao interrogatório do acusado sobre a imputação que lhe é feita, colhendo, após cada oitiva suas respectivas assinaturas, lavrando, a autoridade, afinal, o auto.*
>
> *§ 1º Resultando das respostas fundada a suspeita contra o conduzido, a autoridade mandará recolhê-lo à prisão, exceto no caso de livrar-se solto ou de prestar fiança, e prosseguirá nos atos do inquérito ou processo, se para isso for competente; se não o for, enviará os autos à autoridade que o seja.*
>
> *§ 2º A falta de testemunhas da infração não impedirá o auto de prisão em flagrante; mas, nesse caso, com o condutor, deverão assiná-lo pelo menos duas pessoas que hajam testemunhado a apresentação do preso à autoridade.*

§ 3º *Quando o acusado se recusar a assinar, não souber ou não puder fazê-lo, o auto de prisão em flagrante será assinado por duas testemunhas, que tenham ouvido sua leitura na presença deste.*

Art. 305. Na falta ou no impedimento do escrivão, qualquer pessoa designada pela autoridade lavrará o auto, depois de prestado o compromisso legal.

Art. 306. A prisão de qualquer pessoa e o local onde se encontre serão comunicados imediatamente ao juiz competente, ao Ministério Público e à família do preso ou à pessoa por ele indicada.

§ 1º *Em até 24 (vinte e quatro) horas após a realização da prisão, será encaminhado ao juiz competente o auto de prisão em flagrante e, caso o autuado não informe o nome de seu advogado, cópia integral para a Defensoria Pública.*

§ 2º *No mesmo prazo, será entregue ao preso, mediante recibo, a nota de culpa, assinada pela autoridade, com o motivo da prisão, o nome do condutor e os das testemunhas.*

Art. 307. Quando o fato for praticado em presença da autoridade, ou contra esta, no exercício de suas funções, constarão do auto a narração deste fato, a voz de prisão, as declarações que fizer o preso e os depoimentos das testemunhas, sendo tudo assinado pela autoridade, pelo preso e pelas testemunhas e remetido imediatamente ao juiz a quem couber tomar conhecimento do fato delituoso, se não o for a autoridade que houver presidido o auto.

Art. 308. Não havendo autoridade no lugar em que se tiver efetuado a prisão, o preso será logo apresentado à do lugar mais próximo.

Art. 309. Se o réu se livrar solto, deverá ser posto em liberdade, depois de lavrado o auto de prisão em flagrante.

Art. 310. Ao receber o auto de prisão em flagrante, o juiz deverá fundamentadamente:

I - relaxar a prisão ilegal; ou

II - converter a prisão em flagrante em preventiva, quando presentes os requisitos constantes do art. 312 deste Código, e se revelarem inadequadas ou insuficientes as medidas cautelares diversas da prisão; ou

III - conceder liberdade provisória, com ou sem fiança.

Parágrafo único. Se o juiz verificar, pelo auto de prisão em flagrante, que o agente praticou o fato nas condições constantes dos incisos I a III do caput do art. 23 do Decreto-Lei nº 2.848, de 7 de dezembro de 1940 - Código Penal -, poderá, fundamentadamente, conceder ao acusado liberdade provisória, mediante termo de comparecimento a todos os atos processuais, sob pena de revogação.

Notas Explicativas

1. É bom não confundir a comunicação imediata da prisão prevista no artigo 5º, inc. LXII, da CF/88, e art. 306, *caput*, do CPP, com o encaminhamento do auto de prisão em flagrante estabelecido no §1º deste último dispositivo legal, que pode ser feito em até 24 horas após sua lavratura. São dois momentos nitidamente díspares. De conseguinte, tais providências devem ser obrigatoriamente cumpridas pela autoridade policial, sob pena de ilegalidade formal da prisão em flagrante. Na prática, contudo, alguns delegados de polícia menos avisados têm descumprido estas formalidades legais, dando azo ao relaxamento da prisão e a outras medidas cabíveis.

2. A nota de culpa, que deve ser entregue ao preso no prazo de até 24 horas após a prisão, é um documento integrante do APF, assinado pela autoridade competente, tendo por finalidade comunicar-lhe o motivo da prisão, bem como a identidade dos responsáveis por ela, com os nomes das testemunhas que a tudo assistiram (art. 5º, inc. LXIV, da CF/88).

3. É relevante consignar que a desobediência às formalidades legais concernentes ao Auto de Prisão em Flagrante causará a sua invalidade e, por consequência, o relaxamento da prisão (art. 5º, inc. LXV, da CF/88). Caso não seja relaxada a prisão, caberá o pedido formal neste sentido, ou mesmo *habeas corpus* perante o tribunal competente, incorrendo o magistrado em crime de abuso de autoridade, caso tenha agido dolosamente.

4. De acordo com o teor do art. 310, *caput*, do CPP, o juiz ao receber o APF deve se manifestar, fundamentadamente, sobre a prisão comunicada, decidindo nos termos dos incisos I a III, e parágrafo único, deste dispositivo legal. Logo, a ausência de fundamentação, *de per si*, já dá ensejo ao relaxamento da prisão pelo tribunal competente.

5. Em regra, qualquer pessoa pode ser presa em flagrante. Há, todavia, algumas exceções.

Assim, não podem ser presos em flagrante, qualquer que seja o delito praticado:

a) O Presidente da República (art. 86, § 3º, da CF/88);

b) Os diplomatas estrangeiros, em virtude de tratados e convenções internacionais (arts. 1º, inc. I, do CPP e 5º, § 2º, da CF/88);

c) Os menores de 18 anos - inimputáveis (CF, art. 228; CP, art. 27 e art. 104 da Lei nº 9.069/90); podem, no entanto, ser apreendidos e encaminhados à autoridade competente para apuração do ato infracional (art. 171 do ECA).

6. Embora inimputáveis, é permitida a prisão dos alienados mentais, porque a eles pode ser aplicada medida de segurança, cabendo, na hipótese, a instauração do incidente de insanidade mental (art. 148 do CPP).

7. Não podem ser presos em flagrante, por crimes afiançáveis:

a) os deputados e senadores (art. 53, § 2º, da CF/88); o mesmo se aplica aos parlamentares estaduais e distritais (art. 27, § 1° da CF).

b) os magistrados (art. 33, inc. II, da LOMAN);

c) os membros do MP (art. 40, inc. III, da LONMP);

d) os advogados, se o crime for cometido no exercício de suas atividades profissionais (art. 7º, § 3º, Lei nº 8.906/94- EAOAB).

É lícita, porém, a autuação em flagrante de tais pessoas desde que por crimes inafiançáveis. Ainda assim, deve-se observar rigorosamente o que dispõem as normas regimentais aplicáveis a cada caso específico, notadamente no que se refere à comunicação imediata ao órgão competente.

8. Não se imporá a prisão em flagrante ao condutor de veículo, nos casos de acidentes de trânsito, se prestar pronto e integral socorro à vítima (art. 301 da Lei nº 9.503, de 23-9-97 - Código de Trânsito Brasileiro).

9. Também não deve ser autuado em flagrante o autor de fato considerado crime de menor potencial ofensivo quando, após a lavratura do termo circunstanciado, for imediatamente encaminhado ao Juizado Especial Criminal ou assumir o compromisso de a ele comparecer (art. 69, parágrafo único, da Lei nº 9.099/95).

10. Quem, logo após o delito, se apresenta espontaneamente à autoridade competente, também não deve ser preso em flagrante, visto que não há no ordenamento jurídico brasileiro a "prisão por apresentação". Desta forma, como a apresentação espontânea não está prevista como hipótese de prisão em flagrante, a sua verificação no caso concreto obsta que a autoridade policial realize a prisão, devendo, neste caso, lavrar o Auto de Comparecimento Espontâneo e prosseguir nos atos do Inquérito. Todavia, a impossibilidade de se lavrar o APF não impede que, posteriormente, seja decretada a prisão preventiva, caso presentes as exigências legais elencadas no art. 312 do CPP. Este posicionamento tem sido amplamente adotado pelos nossos Tribunais.

11. Da mesma forma não caberá a prisão em flagrante de quem praticar a conduta prevista no artigo 28, *caput*, e §1º

Joaquim de Campos Martins

da Lei Antidrogas (Lei nº 11.343/2006), mesmo que o agente se recuse a assumir o compromisso de comparecer à sede do Juizado Especial (art. 48, § 2º, desta lei), pois segundo a lei, não há qualquer possibilidade de imposição de pena privativa de liberdade para aquele que adquire, guarda, traz consigo, transporta ou tem em depósito droga para consumo pessoal; ou ainda, semeia, cultiva ou colhe plantas destinadas à preparação de pequena quantidade de substância ou produto capaz de causar dependência física ou psíquica, com a mesma finalidade. Tudo vai depender da apreciação do uso próprio, considerando-se, entre outros fatores, as circunstâncias da ação, os antecedentes, os aspectos sociais e pessoais do agente, bem como a natureza e a quantidade da droga.

12. O auto de prisão em flagrante também não deve ser lavrado se a autoridade policial constatar, de maneira induvidosa, que o fato fora praticado nas situações previstas no art. 23, incs. I a III do CP, pois não pode haver flagrante de um delito que não existe, conforme se depreende da simples leitura deste dispositivo legal, conjugada com a interpretação dos artigos 310 e 314 do CPP. Deste modo, com o devido respeito às opiniões contrárias, entendemos que nas claras situações excludentes de ilicitude deve a autoridade policial abster-se de lavrar o APF, deixando a cargo da Justiça a avaliação e decisão sobre a necessidade de prisão preventiva. Aliás, este é o procedimento de praxe que vem sendo adotado, consoante pondera o proficiente Mestre Silvio Maciel, que tem a mesma compreensão sobre o assunto. Segundo este autor, nos casos de evidente situação excludente de ilicitude não deve o Delegado de Polícia lavrar Auto de Prisão. Se, entretanto, acrescenta o doutrinador, a autoridade policial agir de modo contrário, isto é, lavrar o APF, deve o juiz relaxar a prisão nos termos do art. 310, inc. I, do CPP. (Prisões e medidas cautelares, 3. ed. São Paulo: RT: 2012, p. 150-151).

13. Lembre-se, ainda, que a competência para lavratura do APF é, em regra, da autoridade policial. Todavia, também pode

ser lavrado pelo juiz (art. 307, *in fine*, do CPP), bem como por deputado ou senador. Neste último caso, dispõe a Súmula 397 do STF: *"O poder de polícia da câmara dos deputados e do senado federal, em caso de crime cometido nas suas dependências, compreende, consoante o regimento, a prisão em flagrante do acusado e a realização do inquérito".*

14. Urge ressaltar, neste passo, que constitui abuso de autoridade, a teor do art. 4º da Lei nº 4.898/65: a) ordenar ou executar medida privativa da liberdade individual, sem as formalidades legais ou com abuso de poder; b) submeter pessoa sob sua guarda ou custódia a vexame ou a constrangimento não autorizado em lei; c) deixar de comunicar, imediatamente, ao juiz competente a prisão ou detenção de qualquer pessoa; d) deixar o juiz de ordenar o relaxamento de prisão ou detenção ilegal que lhe seja comunicada, sujeitando o seu autor à sanção administrativa civil e penal.

15. Atente-se que o descumprimento das regras de exceção concernentes à prisão em flagrante acima delineadas configura violação ao direito constitucional de locomoção, ensejando, de *lege lata*, o remédio jurídico corresponde.

3. Da Prisão Preventiva: conceito

Cuida-se de medida cautelar de natureza excepcional que pode ser decretada pelo juiz em qualquer fase da investigação policial ou do processo penal, antes do trânsito em julgado, sempre que estiverem presentes os elementos legais autorizadores, segundo se verifica da transcrição dos artigos do Código de Processo Penal abaixo enumerados:

> *Art. 311. Em qualquer fase da investigação policial ou do processo penal, caberá a prisão preventiva decretada pelo juiz, de ofício, se no curso da ação penal, ou a requerimento do Ministério Público, do querelante ou do assistente, ou por representação da autoridade policial.*

Art. 312. A prisão preventiva poderá ser decretada como garantia da ordem pública, da ordem econômica, por conveniência da instrução criminal, ou para assegurar a aplicação da lei penal, quando houver prova da existência do crime e indício suficiente de autoria.

Parágrafo único. A prisão preventiva também poderá ser decretada em caso de descumprimento de qualquer das obrigações impostas por força de outras medidas cautelares (art. 282, § 4º).

Art. 313. Nos termos do art. 312 deste Código, será admitida a decretação da prisão preventiva:

I - nos crimes dolosos punidos com pena privativa de liberdade máxima superior a 4 (quatro) anos;

II - se tiver sido condenado por outro crime doloso, em sentença transitada em julgado, ressalvado o disposto no inciso I do caput do art. 64 do Decreto-Lei nº 2.848, de 7 de dezembro de 1940 - Código Penal;

III - se o crime envolver violência doméstica e familiar contra a mulher, criança, adolescente, idoso, enfermo ou pessoa com deficiência, para garantir a execução das medidas protetivas de urgência;

IV - (Revogado pela Lei nº 12.403, de 2011).

Parágrafo único. Também será admitida a prisão preventiva quando houver dúvida sobre a identidade civil da pessoa ou quando esta não fornecer elementos suficientes para esclarecê-la, devendo o preso ser colocado imediatamente em liberdade após a identificação, salvo se outra hipótese recomendar a manutenção da medida.

Art. 314. A prisão preventiva em nenhum caso será decretada se o juiz verificar pelas provas constantes dos autos ter o agente praticado o fato nas condições previstas nos incisos I, II e III do caput do art. 23 do Decreto-Lei nº 2.848, de 7 de dezembro de 1940 - Código Penal.

Art. 315. A decisão que decretar, substituir ou denegar a prisão preventiva será sempre motivada.

Art. 316. O juiz poderá revogar a prisão preventiva se, no correr do processo, verificar a falta de motivo para que subsista, bem como de novo decretá-la, se sobrevierem razões que a justifiquem.

3.1. Exigências legais

Segundo se depreende dos artigos supratranscritos, para que seja decretada validamente a prisão preventiva há que se observar três exigências básicas: I) os requisitos; II) os pressupostos; e III) os fundamentos.

Os requisitos encontram-se previstos no art. 313 do CPP, que dispõe ser cabível a medida excepcional nos seguintes casos:

a) crime doloso apenado com pena privativa de liberdade máxima superior a 4 (quatro) anos;

b) reincidência em crime doloso, salvo se, em relação à condenação anterior, entre a data do cumprimento ou extinção da pena e a infração posterior tiver decorrido período superior a 5 (cinco) anos, computado o período de prova da suspensão ou do livramento condicional, se não ocorrer revogação (art. 64, inc. I, do CP);

c) crime violento praticado em circunstância doméstica ou familiar contra a mulher, criança, adolescente, idoso, enfermo ou pessoa com deficiência, para garantir a execução de medidas protetivas de urgência;

d) caso de dúvida sobre a identidade civil da pessoa ou ausência de fornecimento de elementos suficientes para esclarecê-la.

Além desses requisitos legais, há necessidade de atendimento aos pressupostos (art. 312, *caput*, parte final, do CPP):

a) prova da existência do crime; e

b) indícios suficientes de autoria, consubstanciados nos

Joaquim de Campos Martins

brocardos latinos *fumus comissi delicti e periculum libertatis*, requisitos cautelares próprios do processo penal.

Assim, preenchidos os requisitos e pressupostos legais, o juiz deverá demonstrar, ainda, o atendimento aos fundamentos (motivos) ensejadores da prisão preventiva, previstos no art. 312, *caput*, primeira parte, e parágrafo único do CPP: a) como garantia da ordem pública; b) da ordem econômica; c) por conveniência da instrução criminal, ou d) para assegurar a aplicação da lei penal; e) descumprimento de obrigação imposta por força de outra medida cautelar (art. 282, § 4º, CPP).

Todos esses componentes devem ser motivados com elementos concretos que demonstrem a necessidade da prisão e não com meras conjecturas, sob pena de nulidade da medida cautelar (prisão preventiva) decretada.

Em verdade, a prisão preventiva tem sido um instituto banalizado no Brasil. Muitos magistrados têm utilizado esta medida extrema sem a observância dos elementos legais autorizadores (requisitos, pressupostos e fundamentos), o que implica transformá-la em uma pena antecipada.

É oportuno lembrar que nos casos de flagrante delito, muitos indivíduos são mantidos indevidamente presos, em desconformidade com a regra segundo a qual o relaxamento da prisão e a liberdade provisória deverão ser concedidos, de ofício, pelo juiz, quando não estiverem presentes, respectivamente, os requisitos legais da prisão em flagrante e os elementos ou circunstâncias que autorizam a prisão preventiva (art. 310 do CPP).

Acredita-se, ademais, que a prisão preventiva é a medida cautelar mais severa a que pode se sujeitar o ser humano, razão pela qual só deverá ser decretada quando não for possível a sua substituição por outra medida cautelar mais branda (arts. 319 e 282, § 6º, do CPP).

Portanto, repita-se, para que seja decretada a prisão preventiva, deve-se obedecer às exigências legais autorizadoras consubstanciadas nos requisitos, pressupostos e fundamentos, motivando-os com elementos concretos e não com meras suposições, sob pena de criar-se situação ilegal constrangedora, passível de reparação.

Notas Explicativas

1. Pelo que se infere da dicção do art. 311 do CPP, na redação dada pela Lei nº 12.403/2011, o sistema acusatório não mais permite ao juiz, na fase de investigação (pré-processual), decretar a prisão preventiva de ofício, ou seja, sem provocação da parte interessada. Desta forma, considerando que a intenção do legislador foi assegurar a passividade e imparcialidade do juiz, especialmente nesta fase inquisitorial, o mesmo sentido deve ser estendido às demais leis, ainda que especiais, como é o caso da Lei Maria da Penha (Lei nº 11.340/2006), que permite a prisão preventiva em qualquer etapa da persecução penal.

2. Como se depreende da nova redação do art. 313, incs. I e II, do CPP, a prisão preventiva não é cabível nos crimes culposos e nem nas contravenções penais. Atualmente, esta medida cautelar somente é permitida nos crimes dolosos com pena privativa de liberdade máxima superior a quatro anos. Agora, diante da tendência a ser adotada pelo Direito Penal, conforme preconiza Guilherme de Souza Nucci, *"para decretação da preventiva, não mais se difere o delito em função da espécie de pena privativa de liberdade (reclusão ou detenção), mais, sim, em razão do elemento subjetivo, apontando-se o dolo como referencial."* (Prisão e Liberdade, 2011, p. 67).

3. Em nenhuma hipótese será decretada a medida extrema se o juiz verificar pelas provas constantes dos autos que o agente praticara o fato em estado de necessidade, legítima defesa, estrito cumprimento de dever legal ou no exercício regular de direito (art. 314 do CPP).

4. A prisão preventiva, lamentavelmente, não tem prazo de duração fixado em lei. Porém, por tratar-se de medida cautelar ex-

Joaquim de Campos Martins

cepcional, é preciso respeitar a razoabilidade de duração, atendendo-se sempre aos princípios da necessidade e proporcionalidade.

5. Ao julgador cabe, diante do caso concreto, ponderando os elementos autorizadores desta prisão cautelar, juntamente com o princípio da razoabilidade, verificar se a medida é legítima e se possui o condão de atingir os objetivos a que se propõe dentro de um prazo razoável, não podendo prolongá-la indefinidamente, sob risco de configurar constrangimento ilegal por suposta antecipação de pena.

6. Em face do caráter *rebus sic stantibus* da decisão que decreta a prisão preventiva, em qualquer momento do curso processual, cessados os motivos que autorizaram a medida extrema, deve ser revogada pelo juiz, de ofício, ou a requerimento da parte interessada, caso haja omissão judicial. De modo que, se a situação das coisas se alterar, revelando que a medida não é mais necessária, a revogação é obrigatória (art. 316 do CPP).

3.2. Prisão Preventiva Domiciliar

A prisão domiciliar consiste no recolhimento do indiciado ou acusado em sua residência, só podendo dela ausentar-se com autorização judicial. (art. 317 do CPP).

Trata-se de uma forma alternativa de cumprimento da prisão preventiva, durante as 24 horas do dia. Diferentemente do recolhimento domiciliar previsto no art. 319, inc. V, do mesmo diploma legal, em que o investigado ou acusado que tem residência e trabalho fixos permanece recolhido no período do noturno e nos dias de folga. E, por serem ambas, medidas cautelares, ao juiz caberá aplicar uma ou outra, consoante os parâmetros do art. 282, incs. I e II, do CPP.

Assim, a prisão preventiva poderá ser substituída por prisão domiciliar, nas hipóteses do art. 318 do CPP, bastando a prova idônea dos requisitos indicados, ou seja, quando o agente for:

I - maior de 80 (oitenta) anos;

II - extremamente debilitado por motivo de doença grave;

III - imprescindível aos cuidados especiais de pessoa menor de 6 (seis) anos de idade ou com deficiência;

IV - gestante a partir do 7º (sétimo) mês de gravidez ou sendo esta de alto risco.

Embora o dispositivo legal (art. 318 do CPP) expresse uma circunstância facultativa contida no verbo "poderá", com fundamento no princípio da dignidade humana e diante da real situação do sistema carcerário brasileiro, que não dispõe de infraestrutura capaz de acolher pessoas nas condições previstas nos incisos I a IV do referido artigo, entendemos que a prisão domiciliar, neste caso, envolve um direito constitucional e subjetivo do acusado, devendo sempre ser concedida pelo juiz.

4. Da Prisão Temporária: conceito

A prisão temporária é uma espécie de prisão provisória, de natureza cautelar, subordinada à representação da autoridade policial ou de solicitação do Ministério Público, que pode ser decretada pelo juiz, por tempo determinado e durante o inquérito policial, a fim de investigar a ocorrência de crimes graves.

Esta modalidade de prisão foi instituída pela Lei nº 7.960 de 21 de dezembro de 1989, logo após a promulgação da Constituição de 1988, visando substituir a prisão para averiguação, procedimento inteiramente conflitante com os direitos fundamentais consagrados no texto constitucional.

4.1. Requisitos

Para que o juiz determine a ordem de prisão temporária é necessária que a detenção do indiciado seja imprescindível para as investigações do inquérito policial (inciso I do artigo

1º da Lei nº 7.960/89), ou que o indiciado não tenha residência fixa ou não forneça elementos suficientes ao esclarecimento de sua identidade (inc. II do artigo 1º da lei).

A prisão temporária somente pode ser decretada quando houver fundadas razões, de acordo com prova admitida na legislação penal, de autoria ou participação do indiciado nos seguintes crimes (inc. III do art. 1º da lei):

a) homicídio *doloso (art. 121, caput, e seu § 2°, do CP);*

b) sequestro *ou cárcere privado (art. 148, caput, e seus §§ 1° e 2°, do CP);*

c) roubo *(art. 157, caput, e seus §§ 1°, 2° e 3°, do CP);*

d) extorsão *(art. 158, caput, e seus §§ 1° e 2°, do CP);*

e) extorsão *mediante sequestro (art.159, caput, e seus §§ 1°, 2° e 3°, do CP);*

f) estupro *(o art. 213 do CP foi alterado pela Lei nº 12.015/2009);*

g) atentado *violento ao pudor (o art. 214 do CP foi revogado pela Lei nº 12.015/2009);*

h) rapto *violento (o art. 219 do CP foi revogado pela Lei nº 11.106/2005);*

i) epidemia *com resultado de morte (art. 267, § 1°, do CP);*

j) envenenamento *de água potável ou substância alimentícia ou medicinal qualificado pela morte (art. 270, caput, combinado com art. 285 do CP);*

l) quadrilha *ou bando (art. 288 do CP);*

m) genocídio *(arts. 1°, 2° e 3° da Lei n° 2.889, de 1° de outubro de 1956), em qualquer de suas formas típicas;*

n) tráfico *de drogas (art. 12 da Lei n° 6.368/76). Vide art. 33 da nova lei antidrogas (Lei nº 11.343/2006); e*

Vade-Mécum dos Remédios Jurídicos de
Defesa da Liberdade Individual de Locomoção

o) crimes contra o sistema financeiro (Lei n° 7.492, de 16 de junho de 1986).

Notas Explicativas

1. De acordo com o entendimento majoritário adotado pela doutrina e jurisprudência pátrias, a prisão temporária somente será cabível quando combinados os incisos I ou II, com a hipótese do inciso III do artigo 1º da Lei nº 7.960/89.

2. Esta prisão somente poderá ser decretada no curso da investigação criminal, antes de instaurado o processo penal judicial, ou seja, nunca pode ocorrer durante a tramitação da ação penal.

3. Deve sempre ser solicitada ao juiz via representação da autoridade policial (delegado) ou requerimento do Ministério Público, não podendo, jamais, ser decretada de ofício pelo magistrado.

4. Na hipótese de representação da autoridade policial, o juiz, antes de decidir, ouvirá sempre o Ministério Público, titular da ação penal, para opinar sobre a necessidade da prisão para a investigação.

5. A prisão temporária só poderá ser decretada para investigar um ou mais crimes taxativamente elencados na lei; qualquer outro delito fora desse rol não admite esta medida cautelar.

6. Decorrido o prazo da prisão temporária, o preso deverá ser posto imediatamente em liberdade, salvo se houver ocorrido a prorrogação legal ou já tiver sido decretada a sua prisão preventiva.

7. A Lei nº 8.072 de 25 de julho de 1990, denominada Lei dos Crimes Hediondos, previu em seu artigo 2º, § 4º, que todos os crimes ali listados poderiam ensejar prisão temporária. Assim, à lista indicada deve-se acrescentar os crimes de tortura e terrorismo.

8. Esta restrição de liberdade física tem prazo de duração de 5 (cinco) dias, prorrogável por igual período. Se o delito investigado for hediondo ou assemelhado a este (tráfico ilícito de substâncias entorpecentes e drogas afins, tortura ou de terrorismo), o prazo será de 30 (trinta) dias, prorrogável por mais 30 (trinta).

9. As prorrogações desta prisão provisória somente poderão ocorrer em caso de extrema e comprovada necessidade, conforme estabelecem as referidas leis.

10. Por fim, segundo entendimento do STJ, a prisão temporária não poderá ser mantida após o recebimento da denúncia pelo juiz, devendo, nesse instante, cessar imediatamente, sob pena de violação ao direito ambulatorial.

5. Das Prisões Resultantes de Pronúncia e de Sentença Penal Condenatória Recorrível

No que diz respeito às prisões provisórias decorrentes de pronúncia e de sentença penal condenatória recorrível, embora não consideradas aqui como medidas cautelares propriamente ditas, por terem sido suprimidas pelas leis de reforma do CPP (Leis nºs 11.689/2008 e 11.719/2008), sua decretação segue as mesmas regras da prisão preventiva.

Sendo assim, ao pronunciar o réu, o magistrado decidirá, fundamentadamente, no caso de manutenção, revogação ou substituição da prisão ou medida restritiva de liberdade antes decretada e, tratando-se de acusado solto, sobre a necessidade da decretação da prisão ou imposição de qualquer das medidas cautelares previstas no Título IX do Livro I do CPP.

De outra banda, ao proferir sentença condenatória o juiz decidirá, também de forma motivada, sobre a manutenção ou, se for o caso, imposição de prisão preventiva ou de outra medida cautelar, sem prejuízo do conhecimento da apelação que vier a ser interposta. Assim, caso o réu tenha respondido ao processo solto, somente será preso se restarem presentes as exigências legais da prisão preventiva, prevalecendo, pois, a presunção de inocência até decisão judicial transitada em julgado.

Tudo de conformidade com as disposições atuais contidas nos artigos 312, 413 § 3º, 387, parágrafo único, 319 e 282, incisos I e II, do Código de Processo Penal, e súmula 347 do STJ.

Impende consignar que a inobservância das regras atinentes à decretação, prorrogação, revogação ou substituição de prisão cautelar ou de qualquer das medidas restritivas previstas no artigo 319 do CPP, viola o direito individual de locomoção protegido pela CF/88.

6. Do Mandado de Prisão

Excetuando-se as situações de estado de defesa e de sítio, a prisão que não se efetuar em flagrante delito somente será legal se fundada em ordem escrita e motivada da autoridade judiciária competente, pois, é justamente o instrumento escrito que corporifica a ordem judicial de prisão.

Nesse sentido, dispõe o artigo 285, *caput*, do Código de Processo Penal, *in litteris*: "*A autoridade que ordenar a prisão fará expedir o respectivo mandado*".

Portanto, referida ordem deverá ser expedida na forma de mandado de prisão, que, por força do parágrafo único do mesmo dispositivo legal, incorpora os seguintes requisitos formais:

a) será lavrado pelo escrivão e assinado pela autoridade;

b) designará a pessoa que tiver de ser presa, por seu nome, alcunha ou sinais característicos;

c) mencionará a infração penal que motivar a prisão;

d) declarará o valor da fiança arbitrada, quando afiançável a infração;

e) será dirigido a quem tiver qualidade para executá-lo (oficial de justiça, delegado de polícia ou agentes policiais).

A ausência de qualquer dos requisitos acima mencionados causará a nulidade do ato nos termos do artigo 564, inc. IV, do CPP, observando-se, porém, o princípio *pas de nullité sans grief*, insculpido no art. 563 do mesmo diploma legal, segundo o qual nenhum ato será declarado nulo, se da nulidade não resultar prejuízo para a acusação ou para a defesa.

Havendo descumprimento de exigência imposta no interesse das partes por norma ou princípio processual de índole constitucional ou mesmo norma infraconstitucional protetora de interesse público, a nulidade será absoluta. Neste caso, o prejuízo será presumido e o vício não se convalidará, ficando afastada a aplicação do princípio sobredito.

6.1. Regras sobre o Cumprimento do Mandado de Prisão

1. O mandado de prisão será passado em duplicata, devendo o executor entregar um dos exemplares ao preso, logo após a prisão (art. 286 do CPP).

2. A exibição do mandado só não será obrigatória nos casos de infrações inafiançáveis, mas nessa hipótese, tão logo capturado, o preso deverá ser apresentado ao juiz que houver expedido a ordem (art. 287 do CPP).

3. Quando a pessoa a ser presa estiver em território nacional, mas fora da jurisdição do juiz processante, será deprecada a sua prisão, devendo constar da precatória o inteiro teor do mandado (art. 289, *caput*, do CPP).

4. Havendo urgência, o juiz poderá requisitar a prisão por qualquer meio de comunicação, do qual deverá constar o motivo da prisão, bem como o valor da fiança se arbitrada (§ 1º do art. 289 do CPP).

Vade-Mécum dos Remédios Jurídicos de
Defesa da Liberdade Individual de Locomoção

5. A autoridade a quem se fizer a requisição tomará as precauções necessárias para averiguar a autenticidade da comunicação (§ 2º desse artigo).

6. O juiz processante deverá providenciar a remoção do preso no prazo máximo de 30 (trinta) dias, contados da efetivação da medida (§ 3º do mesmo artigo).

7. A prisão poderá ser efetuada a qualquer dia e hora, inclusive aos domingos e feriados, e mesmo durante a noite, respeitada apenas a inviolabilidade do domicílio (CPP, art. 283, § 2º).

8. O executor entregará ao preso, logo depois da prisão, cópia do mandado, a fim de que o mesmo tome conhecimento do motivo pelo qual está sendo preso.

9. O preso será informado de seus direitos, entre os quais o de permanecer calado, sendo-lhe assegurada a assistência da família e a de advogado (CF, art. 5º, inc. LXIII).

10. O preso tem direito à identificação dos responsáveis por sua prisão ou por seu interrogatório extrajudicial (CF, art. 5º, inc. LXIV).

11. A prisão, excepcionalmente, pode ser efetuada sem a apresentação do mandado, desde que o preso seja imediatamente apresentado ao juiz que determinou sua expedição.

12. Não é permitida a prisão de eleitor, desde 5 (cinco) dias antes até 48 (quarenta e oito) horas depois da eleição, salvo em flagrante delito ou em virtude de sentença penal condenatória por crime inafiançável, ou, ainda, por desrespeito a salvo-conduto (art. 236, *caput*, do Código Eleitoral).

Outras regras inovadoras sobre o cumprimento do mandado de prisão estão previstas expressamente no artigo 289-A, §§ 1º ao 6º do Código de Processo Penal, *in litteris*:

31

Art. 289-A. *O juiz competente providenciará o imediato registro do mandado de prisão em banco de dados mantido pelo Conselho Nacional de Justiça para essa finalidade.*

§ 1º Qualquer agente policial poderá efetuar a prisão determinada no mandado de prisão registrado no Conselho Nacional de Justiça, *ainda que fora da competência territorial do juiz que o expediu._*

§ 2º *Qualquer agente policial poderá efetuar a prisão decretada, ainda que sem registro no Conselho Nacional de Justiça, adotando as precauções necessárias para averiguar a autenticidade do mandado e comunicando ao juiz que a decretou, devendo este providenciar, em seguida, o registro do mandado na forma do caput deste artigo.*

§ 3º A prisão será imediatamente comunicada ao juiz do local de cumprimento da medida o qual providenciará a certidão extraída do registro do Conselho Nacional de Justiça e informará ao juízo que a decretou.

§ 4º O preso será informado de seus direitos, nos termos do inciso LXIII do art. 5º *da Constituição Federal e, caso o autuado não informe o nome de seu advogado, será comunicado à Defensoria Pública.*

§ 5º Havendo dúvidas das autoridades locais sobre a legitimidade da pessoa do executor ou sobre a identidade do preso, aplica-se o disposto no § 2º *do art. 290 deste Código.*

§ 6º O Conselho Nacional de Justiça regulamentará o registro do mandado de prisão a que se refere o caput deste artigo.

7. Da Prisão em Perseguição

Em se tratando de perseguição sem interrupção, o executor poderá efetuar a prisão (em flagrante ou por ordem judicial) onde alcançar o sujeito, apresentando-o incontinenti à autoridade local competente.

A autoridade policial do local onde foi preso o agente é que lavrará o auto de prisão em flagrante e não aquela do local da infração. Se for por mandado de prisão, a autoridade policial local, constatando a regularidade da detenção, liberará a pessoa detida para transferência à localidade de origem. Essas e outras formalidades deverão ser observadas, conforme apregoam os artigos 290 a 294 do CPP, *in verbis*:

> *Art. 290. Se o réu, sendo perseguido, passar ao território de outro município ou comarca, o executor poderá efetuar-lhe a prisão no lugar onde o alcançar, apresentando-o imediatamente à autoridade local, que, depois de lavrado, se for o caso, o auto de flagrante, providenciará para a remoção do preso.*

> § 1º Entender-se-á que o executor vai em perseguição do réu, quando:

> *a) tendo-o avistado, for perseguindo-o sem interrupção, embora depois o tenha perdido de vista;*

> *b) sabendo, por indícios ou informações fidedignas, que o réu tenha passado, há pouco tempo, em tal ou qual direção, pelo lugar em que o procure, for no seu encalço.*

> § 2º *Quando as autoridades locais tiverem fundadas razões para duvidar da legitimidade da pessoa do executor ou da legalidade do mandado que apresentar, poderão pôr em custódia o réu, até que fique esclarecida a dúvida.*

> *Art. 291. A prisão em virtude de mandado entender-se-á feita desde que o executor, fazendo-se conhecer do réu, lhe apresente o mandado e o intime a acompanhá-lo.*

> *Art. 292. Se houver, ainda que por parte de terceiros, resistência à prisão em flagrante ou à determinada por autoridade competente, o executor e as pessoas que o auxiliarem poderão usar dos meios necessários para defender-se ou para vencer a resistência, do que tudo se lavrará auto subscrito também por duas testemunhas.*

> *Art. 293. Se o executor do mandado verificar, com seguran-ça, que o réu entrou ou se encontra em alguma casa, o mora-dor será intimado a entregá-lo, à vista da ordem de prisão. Se não for obedecido imediatamente, o executor convocará duas testemunhas e, sendo dia, entrará à força na casa, arrom-bando as portas, se preciso; sendo noite, o executor, depois da intimação ao morador, se não for atendido, fará guardar todas as saídas, tornando a casa incomunicável, e, logo que amanheça, arrombará as portas e efetuará a prisão.*
>
> *Parágrafo único. O morador que se recusar a entregar o réu oculto em sua casa será levado à presença da autoridade, para que se proceda contra ele como for de direito.*
>
> *Art. 294. No caso de prisão em flagrante, observar-se-á o disposto no artigo anterior, no que for aplicável.*

Advirta-se, por oportuno, que o desrespeito às exigên-cias e formalidades legais referentes ao cumprimento da prisão em flagrante ou por ordem judicial acima apontadas tornará nulo o ato praticado, impondo-se, de consequência, o imediato relaxamento da custódia cautelar, sem prescindir da possibilidade de apuração da responsabilidade civil e penal do agente público por suposta infração praticada.

8. Da Força Física Para Realização da Prisão

"A força do direito deve superar o direito da força."

Rui Barbosa

As Convenções Internacionais de Direitos Humanos assina-das pelo Brasil, bem como a nossa Magna Carta, enunciam que toda pessoa tem direito à preservação de sua integridade física, psíquica e moral, não podendo ser submetida a torturas nem a tra-tamentos desumanos ou cruéis, assegurando punição a qualquer discriminação atentatória aos direitos e liberdades fundamentais.

Assim, ao ser privado de sua liberdade física, todo indivíduo deve ser tratado com o respeito devido à dignidade inerente a qualquer ser humano.

Nessa trilha, o Código de Processo Penal, em seu artigo 284, dispõe que: *"Não será permitido o emprego de força, salvo a indispensável no caso de resistência ou tentativa de fuga do preso."* Como se infere da dicção desse dispositivo legal, o uso da força física para realização da prisão, no caso de resistência ou tentativa de fuga, somente terá lugar usando-se o mínimo necessário para vencê-las, ou seja, na justa proporção indispensável segundo o grau da reação oferecida.

Na realidade, não há autorização na legislação brasileira, nem nos tratados e convenções internacionais sobre direitos humanos, para matar ou ferir alguém gravemente a pretexto de prendê-lo pela prática de qualquer crime. Logo, caso haja tentativa de fuga ou oposição do suposto preso, devem os executores imobilizá-lo e, se preciso, algemá-lo, e não empregar violência física extrema ou desnecessária, sob pena de responsabilidade civil e penal.

8.1. Do Uso de Algemas

No tocante ao uso de algemas, deveria ter sido regulamentado por decreto federal, nos termos do artigo 199 da Lei nº 7.210/84 - Lei de Execução PENAL-, o que, lamentavelmente, até hoje não ocorreu.

Atualmente o que orienta os agentes policiais no emprego de algemas nas hipóteses de tentativa de fuga ou resistência à prisão com violência, exigindo que as ocorrências sejam registradas em livro nas repartições policiais, é a Súmula Vinculante nº 11, do Supremo Tribunal Federal, cujo verbete tem o seguinte teor:

> *"Só é lícito o uso de algemas em caso de resistência e de fundado receio de fuga ou de perigo à integridade física própria ou alheia, por parte do preso ou de terceiros, justificada a*

excepcionalidade por escrito, sob pena de responsabilidade disciplinar, civil e penal do agente ou da autoridade e de nulidade da prisão ou do ato processual a que se refere, sem prejuízo da responsabilidade civil do Estado."

Em verdade, o uso de algemas causa sério abalo ao ser humano, maculando sua dignidade.

Não são raros os casos que se assiste pela televisão de pessoas se lastimando ao serem publicamente algemadas. Isso porque, sabem que sua imagem, bem precioso de valor inestimável, será manchada diante da sociedade. Pessoas, às vezes, até mesmo inocentes.

Ora, se o indivíduo não esboça nenhuma reação à prisão, nem tampouco demonstra atitudes de que irá tentar fugir, por que então utilizar algemas?

É fácil falar que esta ou aquela pessoa é perigosa e culpada e que, portanto, deve ser algemada; ou que as algemas servem também para garantir a segurança da equipe policial e a integridade física do próprio preso.

Imaginemos, no entanto, se a ocorrência fosse com algum familiar nosso: pai, mãe, filhos, irmãos, enfim. Cremos que o pensamento seria diferente.

Assim, a limitação do uso de algemas disciplinada por essa Súmula do STF só vem a confirmar o que estabelece a Constituição Federal no que concerne aos direitos individuais, considerando que a dignidade da pessoa humana deve ser preservada pelo Estado, que é o seu defensor de fato e de direito.

8.2. Do Uso da Arma Taser

Com relação à utilização da arma Taser, destinada a neutralizar criminosos com emissão de forte choque elétrico, embora rotulada por alguns especialistas mais precipitados como arma não-letal, não acreditamos que seja o meio mais adequado para imobilizar uma pessoa que tenta fugir ou re-

Vade-Mécum dos Remédios Jurídicos de
Defesa da Liberdade Individual de Locomoção

siste à prisão sem violência, uma vez que o uso desnecessário e incorreto de tal arma poderá causar danos irreparáveis. Aliás, o uso da Taser tem gerado grande polêmica mundial. Basta lembrar os inúmeros casos de ferimentos e óbitos de pessoas na última década noticiados pela mídia, em decorrência da utilização dessa arma "não-letal".

Imagine uma pessoa em movimento sendo atingida por uma arma que dispara dardos emissores de ondas elétricas, cujos eletrodos paralisam os sinais que o cérebro emite para o corpo, provocando a contração imediata de músculos, derrubando-a instantaneamente ao chão.

Ora, é intuitivo supor que o indivíduo ao cair pode bater a cabeça no solo cimentado ou em outro local semelhante e ferir-se gravemente, ou até mesmo morrer, como já aconteceu muitas vezes alhures.

Pense, outrossim, um indivíduo com insuficiência cardíaca ou qualquer outra doença cardiovascular preexistente, sendo alvejado por um intenso eletrochoque. Certamente esse infeliz poderá desenvolver uma parada cardíaca imediata, indo, possivelmente, a óbito, conforme já afirmaram vários profissionais da medicina.

Além do mais, é deprimente e constrangedor alguém ser imobilizado desta maneira, sem que haja motivo justificado para tanto, principalmente pessoas inocentes, sem esquecer que as consequências geradas em decorrência da utilização incorreta dessa arma de choque são muitas vezes irreversíveis.

Diante disso, no caso de tentativa de fuga ou resistência à prisão, o correto é imobilizar e algemar o infrator, observando-se as diretrizes traçadas pela Súmula Vinculante nº 11, deixando o uso da arma Taser para casos de extrema e comprovada necessidade.

É bem verdade que os agentes policiais, no exercício de suas atribuições, estão autorizados a utilizar a força física necessária para efetuar prisão de delinquentes perigosos. Porém, a não observância aos limites do poder de polícia, conduz à

Joaquim de Campos Martins

prática do abuso de autoridade, sujeitando o infrator a um processo-crime por transgressão às disposições contidas na Lei nº 4.898/65, sem prejuízo da responsabilidade civil estatal.

9. Da Prisão Especial

Segundo se extrai da própria norma legal (art. 295 § 1º e seguintes do CPP), a prisão especial consiste exclusivamente no recolhimento do indiciado, acusado ou réu, em local distinto da prisão comum, de preferência em lugar específico para este fim, até enquanto não transitar em julgado a sentença condenatória. Cuida-se de benefício penal outorgado ao cidadão que, pela importância do cargo, função, emprego ou profissão exercida na sociedade, ou pelo nível de escolaridade alcançado, está sujeito à prisão cautelar oriunda de ato delituoso. Nesse diapasão, dispõe a norma em destaque:

> *Art. 295. Serão recolhidos a quartéis ou a prisão especial, à disposição da autoridade competente, quando sujeitos a prisão antes de condenação definitiva:*

> *Vide Súmula 717 do STF.

> I - os ministros de Estado;

> *II - os governadores ou interventores de Estados ou Territórios, o prefeito do Distrito Federal, seus respectivos secretários, os prefeitos municipais, os vereadores e os chefes de Polícia;*

> *III - os membros do Parlamento Nacional, do Conselho de Economia Nacional e das Assembleias Legislativas dos Estados;*

> *IV - os cidadãos inscritos no "Livro de Mérito";*

> *V – os oficiais das Forças Armadas e os militares dos Estados, do Distrito Federal e dos Territórios;*

> *VI - os magistrados;*

> *VII - os diplomados por qualquer das faculdades superiores da República;*

VIII - os ministros de confissão religiosa;

IX - os ministros do Tribunal de Contas;

X - os cidadãos que já tiverem exercido efetivamente a função de jurado, salvo quando excluídos da lista por motivo de incapacidade para o exercício daquela função;

XI - os delegados de polícia e os guardas-civis dos Estados e Territórios, ativos e inativos.

§ 1º A prisão especial, prevista neste Código ou em outras leis, consiste exclusivamente no recolhimento em local distinto da prisão comum.

§ 2º Não havendo estabelecimento específico para o preso especial, este será recolhido em cela distinta do mesmo estabelecimento.

§ 3º A cela especial poderá consistir em alojamento coletivo, atendidos os requisitos de salubridade do ambiente, pela concorrência dos fatores de aeração, insolação e condicionamento térmico adequados à existência humana.

§ 4º O preso especial não será transportado juntamente com o preso comum.

§ 5º Os demais direitos e deveres do preso especial serão os mesmos do preso comum.

Art. 296. Os inferiores e praças de pré, onde for possível, serão recolhidos à prisão, em estabelecimentos militares, de acordo com os respectivos regulamentos.

Art. 300. As pessoas presas provisoriamente ficarão separadas das que já estiverem definitivamente condenadas, nos termos da lei de execução penal.

Parágrafo único. O militar preso em flagrante delito, após a lavratura dos procedimentos legais, será recolhido a quartel da instituição a que pertencer, onde ficará preso à disposição das autoridades competentes.

Ao que tudo indica, a intenção do legislador, ao criar essa modalidade de prisão diferenciada, foi a de conferir um tratamento mais humanitário às pessoas que, pelos atributos morais, sociais ou profissionais, fazem jus a esse direito, assim como pelas graves e irreparáveis consequências que o convívio desordenado com detentos de alta periculosidade poderia lhes ocasionar.

Com efeito, a Lei nº 5.256, de 6 de abril de 1967, determina que o juiz, considerando a gravidade e as circunstâncias do crime, ouvido o representante do Ministério Público, autorize a prisão domiciliar do réu ou indiciado, nas localidades em que não haja estabelecimento prisional adequado ao recolhimento dos beneficiários da prisão especial.

Não se trata, no nosso entendimento, de uma mera faculdade do juiz determinar a prisão do acusado ou réu em sua própria casa, quando não houver local adequado para a prisão especial, mas sim, de um direito subjetivo do preso especial.

A legislação penal extravagante também trata da prisão especial, cabendo aqui mencionar algumas normas legais correlatas que ainda se encontram em vigor no ordenamento jurídico atual. São elas:

Lei Complementar nº 35/1979: no artigo 33, inciso III, dispõe como prerrogativa do magistrado ser recolhido à prisão especial, ou à sala especial de Estado Maior, por ordem e à disposição do Tribunal ou do órgão especial competente, quando sujeito à prisão antes do julgamento final; além disso, dá igual direito ao juiz de paz (em caso de crime comum), segundo o artigo 112, § 2º, desta lei.

Lei Complementar nº 75/1993: em seu artigo 18, inciso II, alínea "e", prescreve como prerrogativa processual dos membros do Ministério Público da União a prisão especial e, além disso, assegura dependência separada no estabelecimento em que tiver de ser cumprida a pena.

Lei Complementar nº 80/1994: dispõe no artigo 44, inciso III, como prerrogativa de membro da Defensoria Pública da União, ser recolhido à prisão especial ou à sala especial de Esta-

Vade-Mécum dos Remédios Jurídicos de
Defesa da Liberdade Individual de Locomoção

do Maior, com direito à privacidade e, após sentença condenatória transitada em julgado, ser recolhido em dependência separada, no estabelecimento em que tiver de ser cumprida a pena.

Lei nº 799/1949: em seu artigo 1º, estende aos oficiais da Marinha Mercante Nacional, que já tiveram exercido efetivamente as funções de comando, a regalia concedida pelo artigo 295 do Código de Processo Penal.

Lei nº 2.860/1956: no artigo 1º, concede o direito à prisão especial aos dirigentes de entidades sindicais de todos os graus e representativas de empregados, empregadores, profissionais liberais, agentes e trabalhadores autônomos. Ainda, em seu artigo 2º, estende o benefício ao empregado eleito para função de representação profissional ou para cargo de administração sindical.

Lei nº 3.313/1957: concede, em seu artigo 1º, inciso I, o direito à prisão especial aos servidores do Departamento Federal de Segurança Pública, que exerçam atividade estritamente policial, a ser cumprida no quartel da corporação ou repartição em que servirem.

Lei nº 3.988/1961: de acordo com o artigo 1º, os pilotos de aeronaves mercantes nacionais, que já tiverem exercido efetivamente as funções de comando, têm o direito à prisão especial do artigo 295, do CPP.

Lei nº 4.878/1965: dispõe de um capítulo específico sobre a prisão especial (Capítulo VI) aplicável aos funcionários policiais civis da União e do Distrito Federal, em seu artigo 40, §§ 1-4. Situação interessante a ser aqui destacada é a do § 3º, pois segundo esta norma, o caráter especial da prisão – no que tange ao isolamento – persistirá, mesmo após o trânsito em julgado.

Lei nº 5.350/1967: em seu artigo 1º estende aos funcionários da Polícia Civil dos Estados e Territórios Federais, ocupantes de cargos de atividades policial, o regime de prisão especial estabelecido pela Lei nº 4.878, de 3 de dezembro de 1965, em seu artigo 40 e respectivos parágrafos, para os funcionários da Polícia Civil da União e do Distrito Federal.

Lei nº 7.102/1983: prevê em seu artigo 19, inciso III, prisão especial para vigilante de empresas particulares que exploram serviços de vigilância e de transporte de valores por ato decorrente do serviço.

Lei nº 7.172/1983: no artigo primeiro, estende a regalia concedida no art. 295 do CPP aos professores do ensino de 1º e 2º graus.

Lei nº 7.210/1984: destaca, em seu artigo 84, § 2º: o preso que, ao tempo do fato, era funcionário da Administração da Justiça Criminal ficará em dependência separada.

Lei nº 8.625/1993: dispõe, em seu artigo 40, inciso V, como uma das prerrogativas do membro do Ministério Público, ser custodiado ou recolhido à prisão domiciliar ou à sala especial de Estado Maior, por ordem e à disposição do Tribunal competente.

Lei nº 8.906/1994: no seu artigo 7º, inciso V, preceitua como direito do advogado não ser recolhido preso, antes de sentença transitada em julgado, senão em sala de Estado Maior, com instalações e comodidades condignas e, na sua falta, em prisão domiciliar. Não sendo inscrito nos quadros da OAB, será apenas um bacharel em Direito, fazendo jus, tão-somente, à prisão especial, nos moldes do art. 295, inc. VII, do CPP.

Decreto-Lei nº 5.452/1943: segundo o artigo 665 da Consolidação das Leis do Trabalho, pode-se deduzir que, enquanto durar sua investidura, gozam os vogais das Juntas e seus suplentes das prerrogativas asseguradas aos jurados.

Apesar de acreditarmos que a prisão especial afronta o princípio constitucional da isonomia, por gerar uma categoria diferenciada de presos, o certo é que este privilégio (admitido pelo STF) constitui um direito público subjetivo outorgado àquelas pessoas que atenderem aos requisitos exigidos por lei, cujo descumprimento configura constrangimento ilegal.

10. Da Prisão Extrapenal

Esta modalidade de prisão se divide em duas classes, a saber: administrativa e civil.

A primeira, que era prevista no artigo 319 do CPP, não foi recepcionada pela Constituição de 1988 (art. 5º, inc. LXI), tendo sido, inclusive, expressamente revogada pela Lei nº 12.403, de 04 de maio de 2011.

Quanto à prisão administrativa de que trata a Lei nº 6.815/80 (Estatuto dos Estrangeiros), somente poderá ser decretada pela autoridade judiciária competente. De modo que, presentemente, a única prisão que mantém a natureza verdadeiramente administrativa e, ao mesmo tempo disciplinar, é a militar (art. 5º, inc. LXI, *in fine*, da CF/88).

No tocante à prisão civil, a nossa Carta Magna faz menção a ela apenas em duas hipóteses, quais sejam: do devedor voluntário e inescusável de obrigação alimentícia e do depositário infiel (art. 5º, inc. LXVII). Todavia, a partir da ratificação pelo Brasil, em 25.09.92, do Pacto de São José da Costa Rica, que só admite a prisão civil do devedor de alimentos (art. 7º, 7), passou-se a debater a validade da prisão do depositário infiel.

Nessa esteira, o Superior Tribunal de Justiça, por meio da Súmula nº 419, posicionou-se no sentido de que: "*Descabe a prisão civil do depositário judicial infiel.*"

O Supremo Tribunal Federal, por seu turno, pela Súmula Vinculante nº 25, consagrou o mesmo entendimento assentando que: "*É ilícita a prisão civil de depositário infiel, qualquer que seja a modalidade do depósito*".

Consequentemente, apenas a prisão civil decorrente de inadimplemento de pensão alimentícia, disciplinada pelos artigos 733 do Código de Processo Civil e 19 da Lei nº 5.478/68, restou permitida no ordenamento jurídico nacional.

Cuida-se de prisão não-penal de natureza coercitiva e não punitiva, que permite a impetração de habeas corpus para combater ilegalidade cometida, caso seja decretada em desacordo com as normas pertinentes, sem que se prescinda do recurso cabível na espécie.

Insta assinalar que, em regra, a esta espécie de privação da liberdade não se aplica o benefício estendido no artigo 295 do CPP e legislação correlata, haja vista que a prisão civil possui natureza e fundamentos jurídicos distintos da prisão criminal. Ademais, a custódia civil já é uma forma de prisão especial, pois os presos civis devem ser recolhidos em estabelecimento adequado e, na falta deste, em seção especial da Cadeia Pública (art. 201 da LEP – Lei nº 7.210/84). Vale dizer, a prisão civil dos alimentantes inadimplentes deverá ser efetivada em local próprio, distinto do destinado aos presos criminais, a fim de preservar o devedor dos efeitos deletérios da convivência carcerária.

Por outro lado, respeitante aos profissionais que fazem jus ao direito de custódia em sala de Estado Maior, não existindo tal acomodação na respectiva localidade, deve-se-lhes outorgar o direito à prisão domiciliar, pois não é justo restringir este benefício somente para os processos criminais. Até porque, se a lei não distingue, não cabe ao intérprete assim proceder.

Além disso, esse é o entendimento que vem se firmando, cada vez mais, no âmbito dos Tribunais Superiores.

Capítulo III - Das Medidas Cautelares Diversas da Prisão

1. Requisitos e tipos

O desenvolvimento de uma nova política processual criminal, trazida pela Lei nº 12.403/2011, acena para a tão almejada valorização da dignidade humana, afastando a terrificante prática cotidiana das prisões cautelares para reconhecer e adotar medidas alternativas que aflijam o menos possível a pessoa sobre a qual ainda não pesa o fardo da condenação definitiva.

Em verdade, o recolhimento cautelar fechado de alguém durante o curso do processo somente deve ser adotado em último caso, ou seja, quando nenhuma das medidas cautelares menos aflitivas se mostrarem suficientes para afastar a situação de perigo concreto derivada da prática do crime.

Os requisitos para a aplicação destas medidas cautelares, que devem cumprir as mesmas finalidades da prisão cautelar, estão previstos expressamente no artigo 282, incs. I e II, do CPP, devendo-se observar:

> *I - necessidade para aplicação da lei penal, para a investigação ou a instrução criminal e, nos casos expressamente previstos, para evitar a prática de infrações penais.*
>
> *II - adequação da medida à gravidade do crime, circunstâncias do fato e condições pessoais do indiciado ou acusado.*
>
> § 1º As medidas cautelares poderão ser aplicadas isolada ou cumulativamente.
>
> § 2º As medidas cautelares serão decretadas pelo juiz, de ofício ou a requerimento das partes ou, quando no curso da investigação criminal, por representação da autoridade policial ou mediante requerimento do Ministério Público.

§ 3º Ressalvados os casos de urgência ou de perigo de ineficácia da medida, o juiz, ao receber o pedido de medida cautelar, determinará a intimação da parte contrária, acompanhada de cópia do requerimento e das peças necessárias, permanecendo os autos em juízo.

§ 4º No caso de descumprimento de qualquer das obrigações impostas, o juiz, de ofício ou mediante requerimento do Ministério Público, de seu assistente ou do querelante, poderá substituir a medida, impor outra em cumulação, ou, em último caso, decretar a prisão preventiva (art. 312, parágrafo único).

§ 5º O juiz poderá revogar a medida cautelar ou substituí-la quando verificar a falta de motivo para que subsista, bem como voltar a decretá-la, se sobrevierem razões que a justifiquem.

§ 6º A prisão preventiva será determinada quando não for cabível a sua substituição por outra medida cautelar (art. 319).

Assim, o critério de escolha a ser utilizado pelo juiz, dentre a relação taxativa que se segue, deve ser baseado na proporcionalidade, razoabilidade e legalidade estrita, a fim de ajustar a medida às características próprias de cada caso concreto.

São Medidas Cautelares Diversas da Prisão (art. 319 do CPP):

I - comparecimento periódico em juízo, no prazo e nas condições fixadas pelo juiz, para informar e justificar atividades;

II - proibição de acesso ou frequência a determinados lugares quando, por circunstâncias relacionadas ao fato, deva o indiciado ou acusado permanecer distante desses locais para evitar o risco de novas infrações;

III - proibição de manter contato com pessoa determinada quando, por circunstâncias relacionadas ao fato, deva o indiciado ou acusado dela permanecer distante;

IV - proibição de ausentar-se da Comarca quando a permanência seja conveniente ou necessária para a investigação ou instrução;

V - recolhimento domiciliar no período noturno e nos dias de folga quando o investigado ou acusado tenha residência e trabalho fixos;

VI - suspensão do exercício de função pública ou de atividade de natureza econômica ou financeira quando houver justo receio de sua utilização para a prática de infrações penais;

VII - internação provisória do acusado nas hipóteses de crimes praticados com violência ou grave ameaça, quando os peritos concluírem ser inimputável ou semi-imputável (art. 26 do Código Penal) e houver risco de reiteração;

VIII - fiança, nas infrações que a admitem, para assegurar o comparecimento a atos do processo, evitar a obstrução do seu andamento ou em caso de resistência injustificada à ordem judicial;

IX - monitoração eletrônica.

§ 1º, 2º e 3º (Revogados pela Lei nº 12.403, de 2011).

§ 4º A fiança será aplicada de acordo com as disposições do Capítulo VI deste Título, podendo ser cumulada com outras medidas cautelares.

Art. 320. A proibição de ausentar-se do País será comunicada pelo juiz às autoridades encarregadas de fiscalizar as saídas do território nacional, intimando-se o indiciado ou acusado para entregar o passaporte, no prazo de 24 (vinte e quatro) horas.

Convém lembrar que essas novas medidas cautelares não representam grande inovação na órbita processual penal, uma vez que medidas similares são encontradas em outros institutos processuais, como condição para a concessão: do regime aberto (art. 115, inc. IV, Lei nº 7.210/84); do livramento condicional (art. 132, § 1º, "b", da LEP); do *sursis* penal (art. 78, § 2º, "c", do CP), bem assim para a suspensão condicional do processo (art. 89, § 1º, inc. IV, Lei nº 9.099/95), além de outros casos específicos. Não obstante, produzem efeitos bastante positivos à sua finalidade maior.

Notas Explicativas

1. Para que seja aplicada qualquer medida cautelar deve ser analisado o caso concreto *sub judice* em harmonia com o princípio constitucional da individualização da pena, isto é, levando-se em consideração as condições pessoais do acusado ou réu, sem nenhum padrão previamente estabelecido.

2. É vedada a possibilidade de o juiz, de ofício, decretar qualquer medida cautelar na fase pré-processual, isto é, durante o inquérito policial (inteligência do art. 282, § 2º, do CPP).

3. Não se aplica qualquer tipo de medida cautelar (seja prisão ou outra medida alternativa), se a infração penal cometida não for sancionada com pena privativa de liberdade, isolada, cumulativa ou alternativamente cominada (art. 283, §1º, do CPP).

4. A prisão preventiva, como visto, é considerada, expressamente, como última opção dentre as medidas cautelares a ser aplicada pelo juiz (art. 282, § 6º, do CPP).

5. As medidas cautelares diversas da prisão implicam limitações à liberdade física do acusado, já que trazem consigo a possibilidade de conversão em prisão preventiva. Logo, são passíveis de censura judicial pela via heróica do *habeas corpus* quando impostas em desconformidade com as exigências legais aplicáveis à espécie.

A seguir abordaremos o tema sobre a liberdade provisória juntamente com a fiança, por estarem intimamente ligadas entre si, embora sejam institutos nitidamente distintos. Contudo, ambas são consideradas medidas cautelares, apesar da primeira não constar expressamente no rol trazido pela nova redação do art. 319 do Código de Processo Penal.

2. Liberdade Provisória: conceito e disciplinamento legal

É um estado de liberdade, garantido pela Constituição Federal, que também substitui a prisão cautelar, mediante o cumprimento de certas obrigações, para que o acusado possa aguardar o fim do processo criminal sem a necessidade de ser recolhido à prisão.

Vejamos, então, o que diz a legislação ao tratar da liberdade provisória:

Dispõe o art. 5º, inc. LXVI, da CF/88, que ninguém será levado à prisão ou nela mantido, quando a lei admitir a liberdade provisória, com ou sem fiança.

Assim, ao analisar o auto de prisão em flagrante o juiz deverá libertar o acusado provisoriamente se constatar a inocorrência de qualquer das hipóteses que autorizam a prisão preventiva, ou que o crime por ele praticado encontra-se abrangido por excludentes de ilicitude (CPP, art. 310, inc. III e parágrafo único; CP art. 23).

O artigo 321 do Código de Processo Penal estabelece, por sua vez, que:

> *Ausentes os requisitos que autorizam a decretação da prisão preventiva, o juiz deverá conceder liberdade provisória, impondo, se for o caso, as medidas cautelares previstas no art. 319 deste Código e observados os critérios constantes do art. 282 deste Código.*

Inexistindo, pois, a necessidade de prisão preventiva, deverá o juiz conceder a liberdade provisória, analisando também, nessa ocasião, se é o caso de impor as novas medidas cautelares previstas pela Lei nº 12.403/2011.

Registre-se, ainda, que a liberdade provisória pode ser cumulada com as demais cautelares do artigo 319, inclusive com a fiança, que antes existia em razão desta liberdade, e atualmente, pode ser autônoma.

Portanto, ocorrendo a prisão em flagrante por infrações que não sejam de menor potencial ofensivo, deve-se conceder, sempre que possível, a liberdade provisória, com ou sem fiança. Isto porque, em se tratando de infração de menor potencial ofensivo, a autoridade policial, nos termos da Lei nº 9.099/95, não conduzirá preso o infrator, nem lavrará auto de prisão em flagrante, mas o encaminhará direto para o Juizado Especial Criminal, ou o liberará mediante compromisso de comparecer em audiência futura, lavrando, em ambos os casos, um termo circunstanciado de ocorrência.

3. Fiança: conceito e disciplinamento legal

Também garantida pela CRFB (art. 5º, inc. LXVI), atualmente a Fiança é, ao mesmo tempo, medida cautelar e garantia real, consistente no pagamento de certa quantia em dinheiro ou na entrega de bens e valores ao Estado, com vistas em assegurar a liberdade provisória do indiciado ou acusado durante a tramitação do inquérito policial ou processo penal, mediante o preenchimento de determinadas condições.

Todo o disciplinamento da fiança está delineado no Código de Processo Penal, que trata sobre: a autoridade competente para arbitrá-la; as infrações inafiançáveis e as vedações legais; os critérios para arbitramento e escolha do valor; o reforço, perda, quebramento, cassação, e demais condições e consequências legais.

Tudo isso se encontra bem detalhado pela própria legislação processual penal na sequência dos artigos abaixo enumerados, tornando-se desnecessários maiores comentários.

Autoridades Competentes

Art. 322. A autoridade policial somente poderá conceder fiança nos casos de infração cuja pena privativa de liberdade máxima não seja superior a 4 (quatro) anos.

Parágrafo único. Nos demais casos, a fiança será requerida ao juiz, que decidirá em 48 (quarenta e oito) horas.

Infrações inafiançáveis

Art. 323. Não será concedida fiança:

I - nos crimes de racismo;

II - nos crimes de tortura, tráfico ilícito de entorpecentes e drogas afins, terrorismo e nos definidos como crimes hediondos;

III - nos crimes cometidos por grupos armados, civis ou militares, contra a ordem constitucional e o Estado Democrático;

IV - (revogado);

V - (revogado).

Vedações legais

Art. 324. Não será, igualmente, concedida fiança:

I - aos que, no mesmo processo, tiverem quebrado fiança anteriormente concedida ou infringido, sem motivo justo, qualquer das obrigações a que se referem os arts. 327 e 328 deste Código;

II - em caso de prisão civil ou militar;

III - (revogado);

IV - quando presentes os motivos que autorizam a decretação da prisão preventiva (art. 312).

Os critérios para arbitramento e escolha do valor

Art. 325. O valor da fiança será fixado pela autoridade que a conceder nos seguintes limites:

I - de 1 (um) a 100 (cem) salários mínimos, quando se tratar de infração cuja pena privativa de liberdade, no grau máximo, não for superior a 4 (quatro) anos;

II - de 10 (dez) a 200 (duzentos) salários mínimos, quando o máximo da pena privativa de liberdade cominada for superior a 4 (quatro) anos.

§ 1º Se assim recomendar a situação econômica do preso, a fiança poderá ser:

I - dispensada, na forma do art. 350 deste Código;

II - reduzida até o máximo de 2/3 (dois terços); ou

III - aumentada em até 1.000 (mil) vezes.

Art. 326. Para determinar o valor da fiança, a autoridade terá em consideração a natureza da infração, as condições pessoais de fortuna e vida pregressa do acusado, as circunstâncias indicativas de sua periculosidade, bem como a importância provável das custas do processo, até final julgamento.

Exigências legais

Art. 327. A fiança tomada por termo obrigará o afiançado a comparecer perante a autoridade, todas as vezes que for intimado para atos do inquérito e da instrução criminal e para o julgamento. Quando o réu não comparecer, a fiança será havida como quebrada.

Art. 328. O réu afiançado não poderá, sob pena de quebramento da fiança, mudar de residência, sem prévia permissão da autoridade processante, ou ausentar-se por mais de 8 (oito) dias de sua residência, sem comunicar àquela autoridade o lugar onde será encontrado.

Art. 329. Nos juízos criminais e delegacias de polícia, haverá um livro especial, com termos de abertura e de encerramento, numerado e rubricado em todas as suas folhas pela autoridade, destinado especialmente aos termos de fiança. O termo será lavrado pelo escrivão e assinado pela autoridade e por quem prestar a fiança, e dele extrair-se-á certidão para juntar-se aos autos.

Parágrafo único. O réu e quem prestar a fiança serão pelo escrivão notificados das obrigações e da sanção previstas nos arts. 327 e 328, o que constará dos autos.

Objeto da Fiança

Art. 330. A fiança, que será sempre definitiva, consistirá em depósito de dinheiro, pedras, objetos ou metais preciosos, títulos da dívida pública, federal, estadual ou municipal, ou em hipoteca inscrita em primeiro lugar.

§1º A avaliação de imóvel, ou de pedras, objetos ou metais preciosos será feita imediatamente por perito nomeado pela autoridade.

§ 2º *Quando a fiança consistir em caução de títulos da dívida pública, o valor será determinado pela sua cotação em Bolsa, e, sendo nominativos, exigir-se-á prova de que se acham livres de ônus.*

Art. 331. O valor em que consistir a fiança será recolhido à repartição arrecadadora federal ou estadual, ou entregue ao depositário público, juntando-se aos autos os respectivos conhecimentos.

Parágrafo único. Nos lugares em que o depósito não se puder fazer de pronto, o valor será entregue ao escrivão ou pessoa abonada, a critério da autoridade, e dentro de 3 (três) dias dar-se-á ao valor o destino que lhe assina este artigo, o que tudo constará do termo de fiança.

Autoridade competente em caso de flagrante

Art. 332. Em caso de prisão em flagrante, será competente para conceder a fiança a autoridade que presidir ao respectivo auto, e, em caso de prisão por mandado, o juiz que o houver expedido, ou a autoridade judiciária ou policial a quem tiver sido requisitada a prisão.

Oitiva do Ministério Público

Art. 333. Depois de prestada a fiança, que será concedida independentemente de audiência do Ministério Público, este terá vista do processo a fim de requerer o que julgar conveniente.

Momento da Fiança

Art. 334. A fiança poderá ser prestada enquanto não transitar em julgado a sentença condenatória.

Art. 335. Recusando ou retardando a autoridade policial a concessão da fiança, o preso, ou alguém por ele, poderá prestá-la, mediante simples petição, perante o juiz competente, que decidirá em 48 (quarenta e oito) horas.

Finalidade da Fiança (destinação)

Art. 336. O dinheiro ou objetos dados como fiança servirão ao pagamento das custas, da indenização do dano, da prestação pecuniária e da multa, se o réu for condenado.

Parágrafo único. Este dispositivo terá aplicação ainda no caso da prescrição depois da sentença condenatória (art. 110 do Código Penal).

Restituição da Fiança

Art. 337. Se a fiança for declarada sem efeito ou passar em julgado sentença que houver absolvido o acusado ou declarada extinta a ação penal, o valor que a constituir, atualizado, será restituído sem desconto, salvo o disposto no parágrafo único do art. 336 deste Código.

Cassação da Fiança

Art. 338. A fiança que se reconheça não ser cabível na espécie será cassada em qualquer fase do processo.

Art. 339. Será também cassada a fiança quando reconhecida a existência de delito inafiançável, no caso de inovação na classificação do delito.

Reforço da Fiança

Art. 340. Será exigido o reforço da fiança:

I - quando a autoridade tomar, por engano, fiança insuficiente;
II - quando houver depreciação material ou perecimento dos bens hipotecados ou caucionados, ou depreciação dos metais ou pedras preciosas;
III - quando for inovada a classificação do delito.

Parágrafo único. A fiança ficará sem efeito e o réu será recolhido à prisão, quando, na conformidade deste artigo, não for reforçada.

Quebramento e Perda da Fiança: consequências legais

Art. 341. Julgar-se-á quebrada a fiança quando o acusado:

I - regularmente intimado para ato do processo, deixar de comparecer, sem motivo justo;
II - deliberadamente praticar ato de obstrução ao andamento do processo;

III - descumprir medida cautelar imposta cumulativamente com a fiança;

IV - resistir injustificadamente a ordem judicial;

V - praticar nova infração penal dolosa.

Art. 342. Se vier a ser reformado o julgamento em que se declarou quebrada a fiança, esta subsistirá em todos os seus efeitos.

Art. 343. O quebramento injustificado da fiança importará na perda de metade do seu valor, cabendo ao juiz decidir sobre a imposição de outras medidas cautelares ou, se for o caso, a decretação da prisão preventiva.

Art. 344. Entender-se-á perdido, na totalidade, o valor da fiança, se, condenado, o acusado não se apresentar para o início do cumprimento da pena definitivamente imposta.

Art. 345. No caso de perda da fiança, o seu valor, deduzidas as custas e mais encargos a que o acusado estiver obrigado, será recolhido ao fundo penitenciário, na forma da lei.

Art. 346. No caso de quebramento de fiança, feitas as deduções previstas no art. 345 deste Código, o valor restante será recolhido ao fundo penitenciário, na forma da lei.

Art. 347. Não ocorrendo a hipótese do art. 345, o saldo será entregue a quem houver prestado a fiança, depois de deduzidos os encargos a que o réu estiver obrigado.

Execução da Fiança

Art. 348. Nos casos em que a fiança tiver sido prestada por meio de hipoteca, a execução será promovida no juízo cível pelo órgão do Ministério Público.

Art. 349. Se a fiança consistir em pedras, objetos ou metais preciosos, o juiz determinará a venda por leiloeiro ou corretor.

Liberdade Provisória Sem Fiança (preso pobre na forma da lei)

Art. 350. Nos casos em que couber fiança, o juiz, verificando a situação_econômica do preso, poderá conceder-lhe liberdade provisória, sujeitando-o às obrigações constantes dos arts. 327 e 328 deste Código e a outras medidas cautelares, se for o caso.

Parágrafo único. Se o beneficiado descumprir, sem motivo justo, qualquer das obrigações ou medidas impostas, aplicar-se-á o disposto no § 4º do art. 282 deste Código.

Com a atenção voltada para a leitura desse dispositivo legal (art. 350 do CPP), percebe-se que apenas o juiz foi indicado como autoridade competente para dispensar a prestação de fiança em se tratando de afiançado economicamente hipossuficiente.

Acontece que o diploma processual penal, mesmo com as alterações feitas pela Lei nº 12.403/11, não impõe, neste aspecto, qualquer proibição expressa à autoridade policial.

Aliás, partindo de uma interpretação lógico-sistemática do disposto nos incs. I, II e III do §1º do art. 325, e arts. 326 e 350 do CPP, c/c o art. 5º da LICC, chega-se facilmente à conclusão que o delegado de polícia tem poder para dispensar a fiança, se constatar que o acusado não tem condições econômicas de quitar o valor fixado na hipótese de crime apenado em até quatro anos.

Ora, se para diminuir ou aumentar o valor da fiança a autoridade policial competente terá que examinar a situação econômica do afiançado, obviamente o critério a ser utilizado para avaliar a possibilidade e necessidade de dispensa é o mesmo. Lembremos, ainda, que outrora cabia a esta autoridade atestar a pobreza para efeitos processuais (art. 32, § 2º, do CPP).

Assim, por consectário lógico deste raciocínio, pedindo vênia aos que pensam de forma diferente, defendemos, sem hesitação, que o delegado de polícia pode e deve desobrigar o afiançado de tal pagamento nas situações e termos retrodestacados, sob pena de ofensa ao art. 5º, inc. LXVI, da CF/88 e, por conseguinte, ao direito de liberdade provisória.

Notas Explicativas

1. Quando o juiz constatar, pelo APF, que o fato fora praticado em situação excludente de ilicitude, deverá conceder a liberdade provisória, sem aplicar outra medida cautelar di-

versa da prisão. Todavia, neste caso, a liberdade poderá ser condicionada a termo de comparecimento a todos os atos do processo (art. 310, parágrafo único do CPP).

2. Quando não estiverem presentes as exigências legais da prisão preventiva, a liberdade provisória deverá ser concedida com ou sem medida cautelar distinta da prisão (art. 310, inc. III c/c art. 321 do CPP).

3. Nos crimes afiançáveis, quando o preso for pobre, a liberdade provisória deverá ser concedida sem fiança, podendo, entrementes, ser condicionada e com possibilidade de aplicação de outra medida cautelar diversa da prisão (art. 350 do CPP).

4. Pela leitura atenta e cuidadosa da redação do art. 5º, inc. LXVI, da CF/88 em conjunto com os arts. 321, 322 e 335 do CPP, constata-se que tanto a liberdade provisória quanto a fiança, quando presentes os requisitos e as condições legais, configuram direito subjetivo público do acusado, tendo a autoridade competente o poder dever de sua concessão, sob pena de constrangimento ilegal atacável via *habeas corpus*. Advirta-se, outrossim, que constitui abuso de autoridade levar à prisão e nela manter quem quer que se proponha a prestar fiança, permitida em lei, consoante estatui o art. 4º, alínea "e" da Lei nº 4.898/1965.

5. A inafiançabilidade do delito de tráfico de entorpecentes, estabelecida constitucionalmente, não significa óbice à liberdade provisória, considerando o conflito do inc. XLIII com o LXVI, ambos do artigo 5º da CF/88, reconhecido pelo Supremo Tribunal Federal no julgamento do HC 104.339/SP (Informativo nº 665/2012 do STF).

6. Em que pese à possibilidade legal de uma pessoa presa, que teve a fiança negada ou retardada pela autoridade policial, prestá-la diretamente em juízo, mediante simples petição (art. 335 do CPP), também poderá utilizar-se do *habeas corpus* se caso a fiança for denegada por qualquer das autoridades competentes (art. 648, inc. V, do CPP).

Capítulo IV - Dos Princípios Fundamentais do Processo Penal

"Violar um princípio é muito mais grave que transgredir uma norma qualquer."

Bandeira de Melo

Neste ponto, faz-se necessário um breve comentário sobre os mais importantes princípios norteadores do processo penal brasileiro, lembrando que a classificação aqui examinada não é taxativa, nem tampouco definitiva, haja vista que cada estudioso do processo tem a sua lista predileta. Todavia, há um elenco mínimo de princípios que não pode deixar de ser observado no âmbito do Direito Processual Penal.

Dessa forma, sem retirar a credibilidade e importância de outras classificações doutrinárias, mas preocupado com a simplicidade e objetividade a que se propõe a presente obra, analisaremos apenas os princípios que guardam maior ligação com o tema proposto, ou seja, que visam proteger o cidadão dos arbítrios do Poder Público durante a tramitação processual para apuração dos delitos, ou mesmo antes dela, preservando sempre a liberdade pessoal.

É com esse delineamento que passamos à análise dos princípios infradestacados, iniciando pelo princípio do devido processo legal por considerá-lo o mais importante, visto que dele decorrem todos os outros princípios do Direito Processual Penal. Tal assertiva é tão evidente que parte da doutrina sustenta a desnecessidade de uma extensa enumeração de garantias na Magna Carta, sob o argumento de que este princípio é a base fundamental para a aplicação de todos os demais princípios, independentemente do ramo do direito a ser tutelado.

Do Devido Processo Legal

O princípio do devido processo legal é um instituto jurídico derivado do enunciado inglês *due process of law*, oriundo do direito anglo-saxão, segundo o qual o ato processual praticado por autoridade estatal, para ser considerado completo, eficaz e válido, deve observar todas as fases previstas em lei. Por ser uma garantia de liberdade constitui um direito fundamental do indivíduo consagrado na Declaração Universal dos Direitos Humanos de 1948 (DUDH), *in litteris*:

> *Art. VIII - Todo o homem tem direito a receber dos tribunais nacionais competentes remédio efetivo para os atos que violem os direitos fundamentais que lhe sejam reconhecidos pela constituição ou pela lei.*

Também na Convenção Americana de Direitos Humanos (CADH), denominada de Pacto de San José da Costa Rica, o devido processo legal encontra-se assegurado no artigo *8º*, *in verbis*:

> *Art. 8º – Garantias judiciais*
>
> *1. Toda pessoa terá o direito de ser ouvida, com as devidas garantias e dentro de um prazo razoável, por um juiz ou Tribunal competente, independente e imparcial, estabelecido anteriormente por lei, na apuração de qualquer acusação penal formulada contra ela, ou na determinação de seus direitos e obrigações de caráter civil, trabalhista, fiscal ou de qualquer outra natureza.*

Embora implícito nas Constituições anteriores, ele só surgiu expressamente no Brasil, na Constituição Federal de 1988, no artigo 5º, inciso LIV, que assim dispõe:

> *Art. 5º Todos são iguais perante a lei, sem distinção de qualquer natureza, garantindo-se aos brasileiros e aos estrangeiros residentes no País a inviolabilidade do direito à vida, à liberdade, à igualdade, à segurança e à propriedade, nos termos seguintes:*

(...)

LIV - ninguém será privado da liberdade ou de seus bens sem o devido processo legal;

Assegura-se, portanto, a todo indivíduo a garantia de não ser privado de sua liberdade ou da propriedade de seus bens sem a tramitação de um processo segundo a forma estabelecida em lei. A garantia serve tanto para o processo civil (*de seus bens*) quanto para o processo penal (da *liberdade*).

Verifica-se, destarte, que o princípio em comento assegura aos litigantes o mais amplo controle dos atos judiciais, com todas as garantias processuais que possibilitem o direito a um processo inteiramente justo e igualitário.

Da Presunção de Inocência

Acolhido por convenções internacionais sobre direitos humanos, este princípio encontra-se sacramentado na Declaração Universal dos Direitos Humanos de 1948 (DUDH), *in litteris*:

Artigo XI

1. Todo ser humano acusado de um ato delituoso tem o direito de ser presumido inocente até que a sua culpabilidade tenha sido provada de acordo com a lei, em julgamento público no qual lhe tenham sido asseguradas todas as garantias necessárias à sua defesa.

Outro tratado internacional que adota este princípio é aquele conhecido como Pacto de San José da Costa Rica, ocorrido em 22 de novembro de 1969, o qual dispõe em seu artigo 8º, 2, que:

Artigo 8º: Garantias judiciais.

(...)

2.Toda pessoa acusada de um delito tem direito a que se presuma inocência, enquanto não for legalmente comprovada culpada. Durante o processo, toda pessoa tem direito em plena igualdade, às seguintes garantias mínimas.

A nossa Carta Republicana também o consagrou expressamente no art. 5º, inciso LVII, estabelecendo que:

> *Art. 5º (...)*
>
> *LVII - ninguém será considerado culpado até o trânsito em julgado da sentença penal condenatória;*

Segundo este princípio, existe uma presunção de inocência do acusado da prática de um delito até que haja uma sentença condenatória irrecorrível que o declare culpado, ou seja, é assegurado a toda e qualquer pessoa um prévio estado de inocência, que só pode ser arredado se houver prova absoluta do cometimento de um crime.

A adoção deste princípio pela CF/88 gera algumas consequências processuais benéficas para o presumido inocente, tais como: a prisão do acusado antes da sentença condenatória com trânsito em julgado somente pode ocorrer a título de medida cautelar, com fidedigna observância aos termos da lei processual penal; o ônus da prova cabe exclusivamente ao órgão acusador, estando o acusado desobrigado de provar sua inocência; o juiz necessita de absoluta convicção de que o acusado é responsável pelo crime para poder condená-lo, enquanto que, para sua absolvição, basta a dúvida sobre a sua culpa, isto é, *in dubio pro reo*.

Ademais, a mencionada norma constitucional serve também para orientar a Justiça quanto ao tratamento dispensado ao acusado durante todo o curso processual, impedindo que ele receba medidas judiciais equiparáveis às de culpado antes da decisão condenatória definitiva, ou seja, enquanto não for definitivamente condenado, por meio de sentença penal condenatória transitada em julgado, presume-se inocente e como tal deve ser tratado, sob pena de responsabilidade civil do Poder Público.

Vade-Mécum dos Remédios Jurídicos de
Defesa da Liberdade Individual de Locomoção

Da Legalidade

Visto como um dos mais importantes princípios de direito, o princípio da legalidade, tido como base do Estado Democrático de Direito, se encontra previsto no cenário jurídico desde a Declaração dos Direitos do Homem e do Cidadão de 1789 (DDHC), que em seu art. 7º dispõe:

> *Ninguém pode ser acusado, preso ou detido senão nos casos determinados pela lei e de acordo com as formas por esta prescrita.*

A Constituição Brasileira de 1988 o consagrou expressamente no inciso II do artigo 5º, ao dispor *in litteris*:

> *Art. 5º (...)*
>
> *II - ninguém será obrigado a fazer ou deixar de fazer alguma coisa senão em virtude de lei;*

De uma forma mais simplificada, pode-se dizer que nenhum brasileiro ou estrangeiro pode ser compelido a fazer, a deixar de fazer ou a tolerar que se faça alguma coisa senão em razão de lei.

Sob a ótica penal, o princípio da legalidade se revela pela locução latina *nullum crimen nulla poena sine previa lege*, prevista no artigo 1º do Código Penal, bem como no art. 5º, inc. XXXIX, da CRFB/88, que estatui: *"não haverá crime sem lei anterior que o defina, nem pena sem prévia cominação legal;"*

Trata-se de um limite imposto à atuação estatal, aqui no aspecto penal, na medida em que somente poderá tipificar situações como caracterizadoras de crime, instituir sanções ou penalidades se for por meio de lei em sentido estrito. Logo, mesmo que o fato seja imoral, antissocial ou danoso, não se poderá imputar a qualquer pessoa a prática de um delito ou aplicar-lhe uma sanção penal pelo ato praticado se não houver expressa previsão legal de cunho formal.

Com efeito, dispõe o art. 5º, inc. LXI da CF/88 que *"ninguém será preso senão em flagrante delito ou por ordem escrita e fundamentada de autoridade judiciária competente, salvo nos casos de transgressão militar ou crime propriamente militar, definidos em lei;"* Considerado alicerce de todo o Direito Penal, este princípio preserva a liberdade e a dignidade do ser humano, impedindo o uso arbitrário deste ramo do Direito, para que não seja utilizado de forma política ou como meio de injusta opressão. Sobre este aspecto, Claus Roxin preconizava que o preceito protege o homem, não só pelo direito penal, mas também do direito penal. (Derecho penal. Madrid: Civitas, 1998. p. 137).

Conclui-se, destarte, que o princípio da legalidade tem por finalidade proteger o cidadão contra a ação do Estado, impondo limites para a repressão de condutas penalmente típicas, devendo ser obedecido por todos os entes estatais, uma vez que o artigo 37 da CF/88 o coloca também entre os princípios da administração pública. Assim, tanto o Poder Executivo, quanto o Legislativo e o Judiciário devem agir dentro da lei, cabendo a este último o dever de se pronunciar a respeito, quando suscitado.

Do Contraditório e da Ampla Defesa

A garantia do contraditório e da ampla defesa também encontra previsão nas convenções internacionais de direitos humanos, sendo corolário da isonomia processual, por exigir igualdade de condições no processo que assegure a paridade de forças entre acusador e acusado.

Na nossa Lei Maior os princípios em destaque estão previstos expressamente no art. 5º, inciso LV, que diz:

> *Art. 5º (...)*
>
> *LV - aos litigantes, em processo judicial ou administrativo, e aos acusados em geral são assegurados o contraditório e ampla defesa, com os meios e recursos a ela inerentes;*

Vade-Mécum dos Remédios Jurídicos de
Defesa da Liberdade Individual de Locomoção

Tais princípios encontram-se indissoluvelmente entrelaçados, considerando que a efetividade de um depende da observância do outro, pois, é do contraditório que surge o exercício da defesa, sendo esta, como poder correlato ao de ação, garantia do contraditório. Assim, a defesa assegura o contraditório, mas também por este se manifesta e é assegurada.

O princípio do contraditório, consubstanciado no brocardo latino *audiatur et altera pars*, é o direito que tem a parte acusada de se manifestar sobre todas as provas e alegações produzidas nos autos pela parte acusadora, ou seja, é o exercício da dialética processual, assinalado pela bilateralidade permanente da manifestação das partes litigantes durante o curso processual.

A ampla defesa, por sua vez, como afirmado anteriormente, surge com a efetivação do contraditório, possuindo duas vertentes: defesa técnica e autodefesa.

A defesa técnica consiste na necessidade de o acusado ser representado no processo por defensor tecnicamente habilitado. Deste modo, não tendo o réu advogado constituído nos autos, deverá o juiz solicitar a presença da defensoria pública ou nomear defensor dativo para defendê-lo e estar presente em todos os atos do processo, salvo se o próprio réu possuir aptidão técnica para exercer a sua própria defesa.

A autodefesa, por seu turno, consiste na participação direta do réu nos atos processuais, isto é, no direito de audiência e de presença que lhe permita participar ativamente de toda a instrução criminal. Ela ocorre, também, quando o acusado se recusa a responder perguntas durante o interrogatório (tanto na fase policial quanto judicial) ou a participar de outras diligências.

De resto, é imperioso lembrar que o desrespeito a estes princípios poderá ser interpretado como cerceamento de defesa, causando, inclusive, a nulidade absoluta do processo.

Do Controle Jurisdicional

Com diversas denominações dadas pela doutrina: princípio do controle jurisdicional; princípio do direito de ação; princípio da justicialidade ou da judiciariedade, este princípio, também inserido nos pactos internacionais de direitos humanos, encontra-se consagrado no artigo 5º, inc. XXXV, da CF/88, *in verbis:*

> *Art. 5º (...)*
>
> *XXXV - a lei não excluirá da apreciação do Poder Judiciário lesão ou ameaça a direito;*

Significa dizer que tanto os tratados e convenções internacionais de direitos humanos quanto a Constituição do Brasil asseguram a todos os cidadãos a possibilidade de acesso ao Poder Judiciário. Desta maneira, toda vez que o indivíduo não conseguir obter, voluntariamente, a satisfação de um direito, poderá socorrer-se da Justiça, por meio do processo, e perseguir a sua pretensão.

Em síntese, pode-se deduzir que a garantia do direito à Jurisdição representa a possibilidade, conferida a todos, de provocar a atividade jurisdicional do Estado e instaurar o devido processo judicial, com as garantias a ele inerentes, tendo em vista que a todo direito corresponde uma ação que o assegura.

Trata-se tanto do direito de ação quanto ao direito à defesa, podendo, a qualquer momento, caso haja ameaça ou transgressão de qualquer direito, ser invocado o Poder Judiciário para solucionar o conflito.

Do Juiz Natural

Consagrado pela Lei Suprema no artigo 5º, inciso LIII, este princípio estabelece que:

> *Art. 5º (...)*
>
> *LIII - ninguém será processado nem sentenciado senão pela autoridade competente;*

Vade-Mécum dos Remédios Jurídicos de
Defesa da Liberdade Individual de Locomoção

Cuida-se de princípio que visa assegurar ao cidadão o direito de não ser preterido de seu Juiz Natural ou Constitucional, representando a garantia de um órgão julgador técnico e isento, com competência estabelecida na própria Constituição e nas leis de organização judiciária de cada Estado, ou seja, aquele pré--constituído legalmente para exercer a atividade jurisdicional. Decorre deste princípio a proibição de criação de juízos ou tribunais de exceção, insculpida no art. 5º, inc. XXXVII, da CF/88, que impõe a declaração de nulidade de qualquer ato judicial emanado de um juízo ou tribunal que houver sido instituído após a prática de determinados fatos criminosos, especificamente para processar e julgar determinadas pessoas.

Juiz natural é, portanto, aquele órgão previamente conhecido, segundo regras objetivas de competência estabelecida anteriormente à infração penal, investido de garantias que lhe assegurem absoluta independência e imparcialidade.

Convém frisar que dessa mesma norma constitucional se extrai a garantia do promotor natural, já reconhecida pelo Pretório Excelso em interpretação dada a esse dispositivo constitucional e aos artigos 127 e 129 da CF/88, que visam assegurar a independência do Ministério Público, o que também representa uma garantia individual, porquanto impede a possibilidade de persecuções criminais pré-determinadas ou a escolha de membros do ministério público específicos para a atuação em determinadas ações penais, ou seja, fica afastada a hipótese de nomeação de um promotor de justiça para exercer as funções do outro, já regularmente investido no respectivo cargo.

Da Imparcialidade

Contido na Declaração Universal dos Direitos Humanos (Art. X), no Pacto de San José da Costa Rica (Art. 8º,1) e nas normas constitucionais brasileiras (art. 5º, incs. XXXVII e LIII, da CF/88), este princípio visa que o Estado-Juiz entregue à sociedade a solução dos conflitos de interesse da forma mais imparcial possível, livre de vícios de interesses que contaminem e impeçam a prolação de decisões justas.

A imparcialidade do juiz tem como objetivo afastar qualquer possibilidade de influência sobre a decisão que será proferida, pois o compromisso com a verdade, dando a cada um o que é seu, é o principal desiderato da prestação jurisdicional.

Nesse diapasão, tendo em mira assegurar a imparcialidade jurisdicional, o CPP previu em seus artigos 252 *usque* 256, causas de impedimento e suspeição do julgador que, uma vez configuradas, o impossibilita de atuar no processo. Logo, existindo qualquer desses motivos, deve o juiz afastar-se espontaneamente do feito. Não o fazendo, poderão as partes interessadas providenciar, por meio próprio, o seu afastamento do caso *sub judice*.

Essas causas obstam, portanto, o exercício da jurisdição no processo em que se verificam, representando, assim, uma garantia conferida às partes de serem julgadas por um juiz imparcial.

Desse modo, por ser a imparcialidade um pressuposto de validade do processo, prevê o sistema a nulidade do julgamento realizado sem observância a este princípio universal.

Da Publicidade dos Atos Processuais

O princípio da publicidade serve para resguardar a transparência dos atos processuais do Poder Judiciário, sendo extraído da conjugação de três dispositivos constitucionais, *in litteris*:

> *Art. 5º (...)*
>
> *XXXIII - todos têm direito a receber dos órgãos públicos informações de seu interesse particular, ou de interesse coletivo ou geral, que serão prestadas no prazo da lei, sob pena de responsabilidade, ressalvadas aquelas cujo sigilo seja imprescindível à segurança da sociedade e do Estado;*
>
> *(...)*

LX - a lei só poderá restringir a publicidade dos atos processuais quando a defesa da intimidade ou o interesse social o exigirem;

Art. 93. Lei complementar, de iniciativa do Supremo Tribunal Federal, disporá sobre o Estatuto da Magistratura, observados os seguintes princípios:

(...)

IX - todos os julgamentos dos órgãos do Poder Judiciário serão públicos, e fundamentadas todas as decisões, sob pena de nulidade, podendo a lei, se o interesse público o exigir, limitar a presença, em determinados atos, às próprias partes e a seus advogados, ou somente a estes;

Especificamente no Direito Processual Penal a publicidade é disciplinada pelo art. 792 do CPP, nos seguintes termos:

Art. 792. As audiências, sessões e os atos processuais serão, em regra, públicos e se realizarão nas sedes dos juízos e tribunais, com assistência dos escrivães, do secretário, do oficial de justiça que servir de porteiro, em dia e hora certos, ou previamente designados.

§ 1º. Se da publicidade da audiência, da sessão ou do ato processual, puder resultar escândalo, inconveniente grave ou perigo de perturbação da ordem, o juiz, ou o tribunal, câmara, ou turma, poderá, de ofício ou a requerimento da parte ou do Ministério Público, determinar que o ato seja realizado a portas fechadas, limitando o número de pessoas que possam estar presentes.

Anote-se, ainda, a expressa redação do artigo 201, § 6º, do CPP, *in litteris:*

O juiz tomará as providências necessárias à preservação da intimidade, vida privada, honra e imagem do ofendido, podendo, inclusive, determinar o segredo de justiça em relação aos dados, depoimentos e outras informações constantes dos autos a seu respeito para evitar sua exposição aos meios de comunicação.

Conclui-se, pois, que a publicidade é a regra, enquanto que o sigilo é a exceção. Assim, ressalvadas as exceções previstas em lei, a falta da devida publicidade aos atos processuais pode acarretar a sua nulidade.

Da Motivação das Decisões Judiciais

Ainda com fundamento no artigo 93, inc. IX, da CF/1988 e artigo 66º, 1, da CADH, temos o princípio da motivação das decisões judiciais que impõe serem todas elas expressamente fundamentadas, no intuito constitucional de garantir a sua publicidade, como já afirmado, bem assim possibilitar a sua impugnação e revogação, exercendo-se, dessa maneira, o controle de legalidade de tais decisões.

Este princípio harmoniza-se com a necessidade de transparência nas decisões judiciais, impedindo que juízes decidam de forma destoante do previsto no ordenamento jurídico, sem expor explicitamente os fundamentos jurídicos para a formação de sua convicção, de modo que está intimamente ligado ao princípio da publicidade, já estudado.

Entretanto, não pode haver dúvidas que fundamentar, em sentido constitucional, não é tão-somente mencionar o dispositivo legal e proferir a decisão. É imprescindível que o magistrado exponha os fatos, a base jurídica e o liame entre eles, com a exposição dos motivos da sua decisão.

Nesse diapasão, estatui o art. 381, inc. III, do CPP, que a sentença conterá a indicação dos motivos de fato e de direito em que se fundar a decisão. Cuida-se da motivação do juiz para aplicar o direito ao caso concreto, acolhendo ou não a pretensão punitiva do Estado. É, como ensina a doutrina tradicional, a consagração, no processo penal, do princípio da persuasão racional ou livre convicção motivada.

Conseguintemente, a decisão, sentença ou acórdão que não observar este critério estará eivado de vício passível de nulidade.

Da Licitude das Provas

O princípio da Inadmissibilidade de provas obtidas por meios ilícitos vem consagrado de modo expresso no inc. LVI do artigo 5º da CF/88, nos seguintes termos:

> *Art. 5º (...)*
>
> *LVI - são inadmissíveis, no processo, as provas obtidas por meios ilícitos;*

O Código de Processo Penal, com a nova redação dada pela Lei nº 11.690/2008, também passou a albergar literalmente este princípio ao dispor em seu artigo 157 que: *"São inadmissíveis, devendo ser desentranhadas do processo, as provas ilícitas, assim entendidas as obtidas em violação a normas constitucionais ou legais"*.

Embora a Constituição e o Diploma Processual Penal se refiram à prova ilícita, a doutrina brasileira de maior acatamento entende que a vedação abrange as provas ilegais como um todo, inclusive as provas ilegítimas, podendo-se dizer, portanto, que a prova ilegal é o gênero do qual as provas ilícitas e as ilegítimas são espécies.

Assim, seguindo a doutrina de mais agrado, pode-se asserir que provas ilícitas são aquelas colhidas com violação a regras de direito material, constitucionais ou infraconstitucionais, ou seja, mediante a prática de algum ato ilícito de qualquer natureza em desrespeito aos direitos e liberdades individuais.

A proibição dessas provas decorre, principalmente, do respeito ao princípio da dignidade da pessoa humana que se sobrepõe à atuação estatal, restringindo a persecução penal.

À guisa de ilustração, colhe-se, nesse sentido, algumas situações exemplificativas expostas pelo Professor Fernando Capez no seu Curso de Processo Penal, 2011, p. 80/81: a interceptação telefônica sem autorização judicial; as cartas particulares interceptadas de forma criminosa; a diligência de busca e apreensão sem prévia autorização judicial ou durante a noite; o emprego de aparelho detector de mentiras; a confissão obtida mediante tortura, etc.

Por provas ilegítimas compreendem-se aquelas obtidas sem a observância a regras de natureza meramente processual, tais como: o depoimento prestado por pessoas que, em razão de função, ministério, ofício ou profissão, devam guardar segredo (art. 207 do CPP); a leitura de documento ou a exibição de objeto, com desobediência ao disposto no art. 479, caput, do CPP.

As provas podem ser, ainda, ilícitas e ilegítimas ao mesmo tempo, desde que contrariem tanto normas de natureza material, quanto as de natureza processual simultaneamente.

Frise-se que a vedação de provas ilegais estende-se às provas ilegais por derivação, ou seja, aquelas que, apesar de terem sido obtidas regularmente, com a observância das normas de direito material e processual, a autoridade estatal, para descobri-las, fez uso de meios ilegais, isto é, a prova legal fora alcançada através de uma prova ilegal.

Exemplo clássico é o da confissão obtida mediante tortura, em que o acusado indica onde se encontra o produto do crime, que vem a ser regularmente apreendido.

A prova ilegal por derivação fica, pois, viciada pela prova ilegal da qual ela se derivou. É a base da teoria, amplamente conhecida, dos frutos da árvore envenenada, oriunda do direito norte-americano dos *Fruits of the Poisonous Tree Doctrine*, segundo a qual o vício da planta se transmite a todos os seus frutos.

Esse posicionamento, há muito perfilhado pela jurisprudência do Supremo Tribunal Federal, encontra-se atualmente normatizado nos §§ 1º e 2º do art. 157 do CPP, dispondo, que: "§ 1º *São também inadmissíveis as provas derivadas das ilícitas, salvo quando não evidenciado o nexo de causalidade entre umas e outras, ou quando as derivadas puderem ser obtidas por uma fonte independente das primeiras.* § 2º Considera-se fonte independente aquela que por si só, seguindo os trâmites típicos e de praxe, próprios da investigação ou instrução criminal, seria capaz de conduzir ao fato objeto da prova.".

É importante ressaltar, ainda, o entendimento majoritário da doutrina e jurisprudência quanto à aplicação da teoria da proporcionalidade em matéria de provas ilegais para favorecer o acusado, admitindo que sejam utilizadas no processo penal as provas ilegalmente colhidas, desde que em benefício da defesa, porquanto, neste caso, a ilegalidade da prova seria suprimida por causas excludentes de antijuridicidade, em face do princípio da inocência.

Além disso, a admissibilidade da prova ilegal *pro reo* estaria em sintonia com o princípio do *favor rei*, ou *in dubio pro reo*, consubstanciado na predominância do direito de liberdade do acusado quando confrontado com o *jus puniendi* do Estado, ou seja, na dúvida, decide-se sempre a favor do réu.

Dessarte, embora a CF/88 e o CPP sejam silentes quanto às consequências da introdução e permanência de provas ilegais no processo, a utilização de tais provas desfavoráveis ao acusado, ressalvada a exceção retromencionada, poderá macular, irremediavelmente, todo o processo judicial em prol da liberdade pessoal do acusado.

Do Duplo Grau de Jurisdição

O princípio do duplo grau de jurisdição objetiva garantir ao litigante sucumbente, total ou parcial, o direito de submeter o tema decidido a uma nova apreciação judicial, desde que atendidos determinados pressupostos legais.

Sem pretender adentrar diretamente ao debate sobre a possibilidade deste princípio está ou não previsto expressamente na Lei Maior, basta fazer uma análise conjunta das normas constitucionais abaixo transcritas para concluir que o mesmo encontra-se, no mínimo, implícito na CRFB/88, senão vejamos:

> *Art. 5º (...)*
>
> *XXXV - a lei não excluirá da apreciação do Poder Judiciário lesão ou ameaça a direito;*

(...)

LIV - ninguém será privado da liberdade ou de seus bens sem o devido processo legal;

LV - aos litigantes, em processo judicial ou administrativo, e aos acusados em geral são assegurados o contraditório e ampla defesa, com os meios e recursos a ela inerentes;

Ao analisar os dispositivos supratranscritos, percebe-se que a Lei Magna visa assegurar aos litigantes, seja em processo judicial ou administrativo, quatro princípios fundamentais para resguardar a segurança e efetividade da prestação jurisdicional: o acesso à tutela jurisdicional, o devido processo legal, o contraditório e a ampla defesa.

Ora, como assegurar a efetividade plena de tais princípios sem garantir a existência de um segundo grau de jurisdição que possa realizar, se preciso, uma nova avaliação de cada caso submetido à instância inferior?

Diante disso, pode-se inferir que o duplo grau de jurisdição ou garantia de reexame das decisões proferidas pelo Poder Judiciário encontra-se incluído no bojo dos princípios supramencionados.

Ademais, se a Constituição regula a competência recursal dos Tribunais Superiores e dos Tribunais Regionais e a distribui a órgãos judiciais específicos, dando-lhes poder de julgar em grau de recurso as causas decididas pelas instâncias inferiores (arts. 92, 102, 105 e 108 da CF/88), está garantindo implicitamente o direito ao duplo grau de jurisdição.

Dessa maneira, percebe-se claramente a existência do duplo grau de jurisdição no texto constitucional, ainda que de forma implícita, visando garantir maior segurança jurídica às decisões proferidas pelo Poder Judiciário.

Da Celeridade Processual

O princípio da celeridade ou brevidade processual, não obstante já encontrar-se erigido em algumas normas infra-constitucionais e em pactos e convenções internacionais assinados pelo Brasil, somente foi introduzido expressamente no rol dos direitos fundamentais da Constituição Federal por intermédio da EC nº 45/2004, *in verbis*:

> *Art. 5º (...)*
>
> *LXXVIII - a todos, no âmbito judicial e administrativo, são assegurados a razoável duração do processo e os meios que garantam a celeridade de sua tramitação;*

Observa-se que a referida emenda constitucional veio a introduzir no rol pétreo dos direitos e garantias fundamentais o direito público subjetivo à celeridade processual, tão reclamado pela classe jurídica, que consagra a garantia de se ter o direito à entrega da prestação jurisdicional dentro de um prazo razoável.

Como escreveu Rui Barbosa acertadamente, no auge da sua sapiência jurídica: *"a justiça atrasada não é justiça, senão injustiça qualificada e manifesta. Porque a dilação ilegal nas mãos do julgador contraria o direito escrito das partes, e, assim, as lesa no patrimônio, honra e liberdade".*

Dessa maneira, o que outrora era apenas princípio idealizador, hoje, com o advento da norma constitucional supratranscrita, é comando normativo, com o escopo de conferir maior brevidade aos trâmites processuais e entregar ao cidadão uma prestação jurisdicional mais célere e eficaz.

É dever do Estado, portanto, procurar desenvolver todos os atos processuais com a maior rapidez possível, poupando tempo e recursos das partes, a fim de possibilitar uma resposta mais abreviada à ação delituosa.

Se tal celeridade, contudo, representar risco para os direitos individuais do acusado, a ponto de restringir a produção de provas na busca da verdade real, a economia processual deve ser evitada.

Da Dignidade Humana

O princípio da dignidade humana, como postulado supremo do direito brasileiro, tem fundamento nos artigos 1º, inc. III, e art. 5º incs. III e XLIX da CF/88, ao disporem que:

> *Art. 1º A República Federativa do Brasil, formada pela união indissolúvel dos Estados e Municípios e do Distrito Federal, constitui-se em Estado Democrático de Direito e tem como fundamentos:*
>
> (...)
>
> III - a dignidade da pessoa humana;
>
> *Art. 5º (...)*
>
> *III - ninguém será submetido à tortura nem a tratamento desumano ou degradante;*
>
> (...)
>
> *XLIX - é assegurado aos presos o respeito à integridade física e moral;*
>
> *Vide Lei nº 12.847/2013

A Declaração Universal dos Direitos Humanos de 1948 (DUDH) considera o principio da dignidade da pessoa humana como um dos mais relevantes princípios de direito.

Assim, como valor universal e inerente ao ser humano, a sua normatização transcende os limites territoriais, passando a ser um postulado do Direito Internacional.

Em razão disso, essa Declação de Direitos estabelece em seu artigo 1º que:

> *Todos os homens nascem livres e iguais em dignidade e direitos. São dotados de razão e consciência e devem agir em relação uns aos outros com espírito de fraternidade.*

Dispõe, ainda, esse Documento Jurídico nos artigos V e VI que:

(...)

Artigo V - Ninguém será submetido à tortura, nem a tratamento ou castigo cruel, desumano ou degradante.

Artigo VI - Toda pessoa tem o direito de ser, em todos os lugares, reconhecida como pessoa perante a lei.

Da mesma forma, a tutela da dignidade humana se encontra consagrada na Convenção Americana sobre Direitos Humanos (Pacto de San José da Costa Rica), de 22 de novembro de 1969, cujos artigos V e XI asseguram ao ser humano o direito à integridade pessoal, ao respeito de sua honra e ao reconhecimento de sua dignidade.

Vê-se, destarte, que tanto a CF/88 quanto a DUDH e a CADH, estabelecem certas garantias, a fim de que o processo penal não exponha o indivíduo a situações desumanas, degradantes e torturantes, com aplicação de penas de tortura ou de morte, cabendo a todos as garantias processuais necessárias, que devem ser providenciadas pelo Estado-Juiz, tais como: um processo acusatório rápido, limitação da prisão preventiva, separação de presos condenados dos provisórios, bem como a integridade física e moral de qualquer pessoa detida, pois a Justiça, através do processo penal, pode privar o indivíduo da sua liberdade, mas nunca da sua dignidade, bem soberano de valor incomensurável.

Neste contexto, pode-se afirmar que o princípio da dignidade humana, consagrado pela Carta Magna como valor cardeal para o alicerce da ordem jurídica do Estado Democrático de Direito, constitui um referencial unificador dos direitos fundamentais objetivando resguardar o bem-estar das pessoas no ambiente social, protegendo-as de quaisquer agressões à sua personalidade.

Da Não Auto-Incriminação

Consubstanciado na locução latina *nemo tenetur se detegere*, o princípio ou garantia em destaque reside no direito do ser humano de não ser obrigado, por qualquer autoridade, a produzir prova contra si mesmo que o incrimine de forma direta ou indiretamente.

Amparado na supremacia da dignidade humana, o princípio da não auto-incriminação encontra-se inserto no artigo 8º, 2. g, da Convenção Americana de Direitos Humanos (CADH), no sentido de que toda pessoa tem *"direito de não ser obrigada a depor contra si mesma, nem a declarar-se culpada"*. Significa dizer que nenhum indivíduo é obrigado a confessar crime de que esteja sendo acusado ou a prestar informações que possam gerar uma acusação criminal.

No nosso ordenamento jurídico é perceptível a incidência desta garantia tanto na Lei Fundamental como no Código de Processo Penal quando se declara os direitos processuais do acusado, entre os quais o de permanecer calado e não responder perguntas que lhe forem formuladas, sem que tal silêncio importe em confissão ou seja interpretado em prejuízo de sua defesa (CF, art. 5º, inc. LXIII e art. 186 do CPP).

Este princípio, por ser uma garantia processual inerente à liberdade individual, compõe-se de diferentes facetas ou dimensões, compreendendo, entre outros direitos do acusado, o direito de silenciar; de não declarar contra si próprio; de não confessar; de não ceder seu corpo para produção de prova, bem assim de não praticar qualquer conduta ativa capaz de lhe comprometer criminalmente.

Portanto, no nosso entendimento, qualquer tipo de prova contra o investigado, indiciado, acusado ou réu que dependa ativamente dele próprio, somente terá validade se o ato a ser produzido for realizado de forma livre, consciente e voluntária, tendo em vista que o direito em questão constitui meio de defesa constitucionalmente garantido.

Da Iniciativa das Partes e do Impulso Oficial

O princípio da iniciativa das partes é conhecido pelos brocardos latinos *nemo judex sine actore* e *ne procedat judex ex officio*, isto é, não há juiz sem autor, e o juiz não pode dar início ao processo de ofício, sem a provocação da parte interessada.

A ação penal, como é sabido, consiste no direito público subjetivo de se invocar a tutela jurisdicional-penal perante o Estado, sendo inviável que o juiz, órgão estatal incumbido da jurisdição, deduza a pretensão punitiva perante o Estado, ou seja, perante si próprio, já que atua como representante daquele. Por esta razão, deverá o julgador quedar-se inerte, pelo menos nesse momento inaugural.

Aludido princípio está previsto expressamente no CPP, quando, por meio dos artigos 24 e 30, dispõe que a ação penal pública deve ser promovida pelo Ministério Público, via denúncia, e que a ação penal privada deve ser intentada pelo ofendido ou por quem tenha qualidade para representá-lo.

Tais dispositivos encontram-se fortalecidos pelo artigo 28 do mesmo diploma legal, o qual prevê que, nos casos em que o promotor de justiça deixa de oferecer a denúncia para requerer o arquivamento do inquérito policial, ainda que o juiz discorde, não poderá dar início à ação penal *ex officio*, devendo remeter os autos ao procurador-geral para que este tome as providencias que entender necessárias. A inércia é, pois, traço característico da jurisdição.

Entretanto, a regra do *ne procedat judex ex officio* não transmuda o julgador em um órgão completamente inerte, porque, instaurada a relação processual, cabe ao juiz promover o bom e célere andamento do feito, dando prosseguimento aos atos processuais, até exaurir a função jurisdicional. É o que se denomina de princípio do impulso oficial, com o que fica vedada a paralisação do processo por mera inércia ou omissão das partes litigantes.

Nesse sentido, o CPP elenca diversos atos que podem ser praticados pelo magistrado, visando dar andamento ao processo até solução final, tais como: determinação de diligências de ofício (art. 156), realização de exame de corpo de delito complementar (art. 168), possibilidade de reinterrogar o réu (art. 196), coleta de documentos probantes de relevo para a causa (art. 234), dentre outros.

Em síntese, pode-se assentar que o processo penal começa por iniciativa das partes, mas desenvolve-se por impulso oficial do juiz.

Da Verdade Real (Material ou Substancial)

Seguindo a orientação da doutrina clássica temos que o processo penal norteia-se pela busca da verdade real, amparando-se em regras como a do artigo 156, 2ª parte, incs. I e II do CPP, que faculta ao magistrado, *ex officio*, sempre que for necessário a: *"ordenar, mesmo antes de iniciada a ação penal, a produção antecipada de provas consideradas urgentes e relevantes, observando a necessidade, adequação e proporcionalidade da medida; determinar, no curso da instrução, ou antes de proferir sentença, a realização de diligências para dirimir dúvida sobre ponto relevante."*

Trata-se de disposição normativa que deve ser interpretada *cum grano salis*, isto é, com bastante cautela e moderação, cuidando para não levar à prisão pessoa inocente, tendo em vista que estão em jogo os direitos e garantias individuais.

Dessa forma, a adoção do princípio da verdade real no processo penal, traduzido na busca da suposta verdade mais próxima da realidade, ou seja, daquilo que realmente aconteceu extra-autos, não significa a possibilidade irrestrita de produção de provas, tendo em vista as vedações legais que devem ser observadas, sob pena de comprometer outras garantias constitucionais igualmente fundamentais.

Neste aspecto, merece menção a feliz afirmativa de José Osterno Campos de Araújo (Verdade processual penal - limitações à prova, 2007, p. 51): *"Em um processo penal constitucional,*

Vade-Mécum dos Remédios Jurídicos de
Defesa da Liberdade Individual de Locomoção

não se busca, via de consequência, uma verdade a todo custo e a qualquer preço, que não encontra empeço em qualquer outro valor, ainda que de maior peso." Em seguida, arremata o preclaro mestre (2007, p. 54): *"A concepção de um processo penal sem freios e travas encontra-se divorciada de princípios inerentes ao Estado Democrático de Direito, não se compaginando, ademais, com ditames ínsitos ao atual estágio vivenciado pelo direito processual penal."*

Em conclusão, fazendo coro a esse entendimento, tem-se que valores como a dignidade da pessoa humana, a licitude dos meios probatórios, a inviolabilidade de domicílio, o sigilo profissional, etc., por sua própria carga de relevância jurídica, representam óbices legítimos a impedir que se perquira, a qualquer custo, a verdade no processo penal.

Da Identidade Física do Juiz

O princípio da identidade física do juiz consiste na sua vinculação ao processo, cuja instrução presidiu.

Anteriormente, este princípio vigorava apenas no processo civil. No processo penal tinha aplicação tão-somente no tocante ao júri popular, no qual os mesmos jurados que estivessem presentes durante a produção da prova testemunhal e acompanhassem visualmente os debates deveriam julgar os fatos. Com a reforma processual penal, ocorrida por meio da Lei nº 11.719/2008, o principio passou a ser uma imposição legal prevista na nova redação do artigo 399, § 2º, do CPP, o qual dispõe que: *"O juiz que presidiu a instrução deverá proferir a sentença."*

Diante da omissão da nova lei processual penal quanto às exceções ao princípio da identidade física do juiz, entendemos que deve ser aplicada, por analogia, a previsão legal contida no artigo 132 do Código de Processo Civil, *in litteris: "O juiz, titular ou substituto, que concluir a audiência julgará a lide, salvo se estiver convocado, licenciado, afastado por qualquer motivo, promovido ou aposentado, casos em que passará os autos ao seu sucessor. Parágrafo único. Em qualquer hipótese, o juiz que proferir a sentença, se entender necessário, poderá mandar repetir as provas já produzidas."*

Verifica-se, destarte, que o juiz que presidiu a instrução é aquele que concluiu a audiência criminal, tendo, em tese, interrogado o acusado. De conseguinte, o magistrado que encerra a instrução só não julgará a lide quando estiver afastado por qualquer motivo. Logo, apenas excepcionalmente será permitido que juiz diverso daquele que encerrou a audiência de instrução profira sentença final.

Assim, havendo desatenção ao princípio da identidade física do juiz em um processo criminal, o vício emergente será de nulidade, ensejando, de conseguinte, impetração de *habeas corpus* caso haja restrição à liberdade locomotora do acusado.

Encerrando este capítulo, urge enfatizar que no processo penal brasileiro os princípios representam os postulados normativos fundamentais da política processual penal, uma vez que dão estabilidade e sustentabilidade à atividade jurisdicional do Estado.

Nesse contexto, como se vive sob arrimo de um Estado Democrático de Direito, a observância aos princípios deve estar sempre em estreita harmonia com a liberdade individual, valor tido como absoluto pela Carta Republicana de 1988.

Ademais, é na própria Constituição Federal que se acham inseridos, na sua maioria, os princípios que norteiam o sistema processual penal. Consequentemente, a violação a qualquer deles não significa apenas desrespeitar uma lei ou infringir um dispositivo legal, mas sim ferir frontalmente o ordenamento jurídico constitucional brasileiro, tendo em conta que os direitos e garantias expressos na Constituição não excluem outros decorrentes do regime e dos princípios por ela adotados, ou dos tratados internacionais em que o Brasil seja parte, consoante dispõe o art. 5º, § 2º, da CF/88.

Na verdade, a força normativa dos princípios é tão grande que o insigne Professor Celso Antônio Bandeira de Mello, em memorável passagem de seu festejado livro (Curso de Di-

Vade-Mécum dos Remédios Jurídicos de
Defesa da Liberdade Individual de Locomoção

reito Administrativo, 29ª edição, Malheiros, 2012, p. 975), ensina que a desatenção ao princípio implica ofensa não apenas ao específico mandamento obrigatório, mas a todo sistema de comandos, constituindo a mais grave forma de ilegalidade ou inconstitucionalidade, conforme o escalão do princípio atingido.

Capítulo V - Dos Remédios Jurídicos de Defesa da Liberdade Individual de Locomoção

> Toda pessoa tem direito de obter da Justiça remédio jurídico para proteção da liberdade física violada ou ameaçada de violação.

Diante de tudo o que até aqui foi dito, principalmente em relação aos princípios norteadores do processo penal brasileiro, conclui-se que a violação dos direitos imprescindíveis ao acusado durante o transcurso da investigação policial ou instrução processual, ou mesmo fora delas, faz surgir o remédio jurídico próprio para fazer cessar qualquer tipo de restrição à liberdade de locomoção.

Nesse diapasão, a nossa Constituição Federal, demonstrando grande preocupação com as prisões ilegais, injustas ou desnecessárias, sem embargo do direito de petição previsto no art. 5º, inc. XXXIV, al. "a", prevê um sistema de garantias fundamentais, elencando diversas medidas jurídicas no intuito de proteger o exercício dos direitos individuais e coletivos.

Dentre os meios jurídicos postos à disposição dos indivíduos para a defesa da liberdade de locomoção ou ambulatorial, podemos destacar para efeito do presente estudo O HABEAS CORPUS, O RELAXAMENTO DE PRISÃO EM FLAGRANTE, A LIBERDADE PROVISÓRIA COM OU SEM FIANÇA E A REVOGAÇÃO DE PRISÃO PREVENTIVA E TEMPORÁRIA, sendo o HC o mais importante e fundamental no âmbito do Direito Processual Penal, pelo que passamos a examiná-lo em primeiro lugar.

1. *Habeas Corpus*: conceito, classificação, natureza jurídica e disciplinamento legal

O termo *habeas corpus* vem da expressão latina *"habeas corpus ad subjiciendum"*, que significa algo como tenha ou traga o corpo que está sob sua guarda.

Quanto à sua origem, não há discrepância entre os tratadistas de que o HC se originou da Carta Magna, outorgada pelo rei João Sem Terra, no ano de 1215, na Inglaterra, como uma ordem para que qualquer indivíduo preso lhe fosse apresentado, a fim de que ele decidisse sobre a legalidade da prisão.

A nossa Constituição Federal, no Capítulo denominado Dos Direitos e Deveres Individuais e Coletivos, inserido no Título reservado aos Direitos e Garantias Fundamentais, trata desse remédio heróico no artigo 5º, inciso LXVIII, adotando a seguinte redação:

> *Art. 5º (...)*
>
> *LXVIII - conceder-se-á "habeas-corpus" sempre que alguém sofrer ou se achar ameaçado de sofrer violência ou coação em sua liberdade de locomoção, por ilegalidade ou abuso de poder;*

Depreende-se do texto constitucional que o *habeas corpus* é instituto jurídico que tem por finalidade precípua proteger a liberdade ambulatorial, ou seja, o direito de andar com o corpo, de movimentar-se por impulso próprio. Visa, pois, coibir ameaça, coação ou violência à liberdade de locomoção do ser humano, decorrente de ilegalidade ou abuso de poder.

O *Habeas Corpus* pode ser liberatório ou preventivo.

Liberatório: quando a violência ou a coação à liberdade de ir e vir já se efetivaram. Neste caso, a impetração visa corrigir uma ilegalidade já consumada, devendo ser expedida a ordem competente nos termos do art. 660 §1º do CPP.

Preventivo: quando houver ameaça plausível de violência ou coação à liberdade de locomoção, por abuso de poder ou ilegalidade. Nesta hipótese, a impetração tem por fim proteger o indivíduo de possível constrangimento ilegal que esteja na iminência de sofrer, devendo ser concedido um salvo-conduto para impedir que isso ocorra, conforme art. 660 § 4º do CPP.

Assim, não obstante encartado e regulado no Código de Processo Penal vigorante como um capítulo do título "Dos Recursos" (Livro III, Título II, Capítulo X, Arts. 647 a 667), o *Habeas Corpus* constitui-se em verdadeira ação popular penal de índole constitucional e gratuita, sujeita às condições de admissibilidade: legitimidade ad causam, interesse de agir e possibilidade jurídica do pedido, matéria a ser aferida em juízo de prelibação.

Aliás, é a própria Constituição Federal que o considera como ação e não como recurso, ao dispor em seu artigo 5º, inciso LXXVII, que: *"são gratuitas as ações de habeas-corpus e habeas--data, e, na forma da lei, os atos necessários ao exercício da cidadania;"*

1.1. Hipóteses de Cabimento

O artigo 647, e o art. 648 em seus incisos de I a VII, do Código de Processo Penal, fornecem os casos em que é cabível a impetração do *writ* constitucional. Contudo, o rol aí mencionado não é exaustivo, considerando que a lei não pode prever todas as situações de violência ou coação a que está exposto o indivíduo, tratando-se, destarte, de lista meramente exemplificativa.

Com efeito, dispõem os referidos dispositivos legais, *in litteris*:

> Art. 647. Dar-se-á **habeas corpus** sempre que alguém sofrer ou se achar na iminência de sofrer violência ou coação ilegal na sua liberdade de ir e vir, salvo nos casos de punição disciplinar.

> *Vide Súmulas 395, 693 e 694 do STF.

Art. 648. A coação considerar-se-á ilegal:

I - quando não houver justa causa;

II - quando alguém estiver preso por mais tempo do que determina a lei;

III - quando quem ordenar a coação não tiver competência para fazê-lo;

IV - quando houver cessado o motivo que autorizou a coação;

V - quando não for alguém admitido a prestar fiança, nos casos em que a lei a autoriza;

*Vide arts. 323 e 324 do CPP.

VI - quando o processo for manifestamente nulo;

*Vide arts. 563 a 573 do CPP, sobre nulidades.

VII - quando extinta a punibilidade.

*Vide art. 107 do CP.

As hipóteses de cabimento do HC acima destacadas que, como dito, não constituem *numerus clausus*, geram direta ou indiretamente prejuízo à liberdade ambulatorial, conforme o constrangimento ilegal ocorrido. Todavia, dada a objetividade de que se revestem, despiciendo se tornam maiores divagações a respeito, exceto quanto às duas primeiras situações, que merecem uma análise mais acurada.

A falta de justa causa prevista no inc. I, do art. 648, do CPP, consiste na ausência de fundamentos fáticos e jurídicos ensejadores da restrição à liberdade de locomoção. Deste modo, excetuados os casos definidos no artigo 5º, inc. LXI, da CF/88, não há justa causa para prisão. Da mesma forma, a inexistência patente de autoria por parte do indiciado, tipicidade, criminalidade ou extinção da punibilidade configura falta de justa causa para o inquérito policial ou ação penal.

Portanto, não havendo justa causa para prisão, instauração de inquérito policial ou de processo criminal, o *habeas corpus* é medida necessária.

A segunda hipótese, contida no dispositivo legal susomencionado, trata do excesso de prazo na prisão cautelar, merecendo, portanto, maior atenção.

Na realidade, a sistemática processual penal não estabelece um prazo fixo para o encerramento da instrução criminal em processo de réu preso. No entanto, o Estado não pode manter um cidadão preso por tempo indeterminado até que seu julgamento seja realizado, sob pena de subversão dos princípios constitucionais básicos garantidores dos direitos individuais no processo penal.

É certo que ao longo dos anos firmou-se a jurisprudência no sentido de que o prazo para a formação da culpa, em hipótese de réu preso, seria de 81 (oitenta e um) dias - que era o resultado da soma dos prazos previstos no CPP para todos os atos do procedimento comum ordinário -, sendo que após esse lapso de tempo, ocorreria constrangimento ilegal por excesso de prazo, salvo **raríssimas** exceções. *Verbi gratia*: Finalizada a instrução criminal. (Súmula 52 do STJ).

Entretanto, com a alteração procedimental do CPP operada pelas Leis nºs 11.689/2008 e 11.719/08, a contagem desse prazo ideado pela jurisprudência sofreu profundas modificações, considerando que novos prazos foram estabelecidos para o término da instrução (arts. 400, 412 e 531 do CPP). O problema é que a legislação processual penal não definiu explicitamente um prazo para esse interstício em se tratando de indiciado ou acusado sob custódia cautelar, motivo pelo qual a tarefa ficou mais uma vez a cargo dos pretórios pátrios.

Nessa senda, em atendimento ao princípio constitucional da razoável duração do processo, o egrégio Tribunal de Justiça do Distrito Federal e dos Territórios (TJDFT), buscando imprimir maior celeridade e eficácia à atividade jurisdicional, por intermédio de sua Colenda Corregedoria de Justiça, fez publicar a Instrução nº 1, de 21 de fevereiro de 2011, disponibilizada no DJ-e de 22/2/2011, com a seguinte recomendação:

> *"Art. 1º. Recomendar a observância dos seguintes prazos estabelecidos pelo Conselho Nacional de Justiça no II Seminário da Justiça Criminal em relação à duração razoável dos processos nas Varas Criminais e de Execução Penal:*
>
> *Parágrafo Único. Estando o acusado preso, a duração razoável do processo criminal é de 105 (cento e cinco) dias, não podendo ultrapassar 148 (cento e quarenta e oito) dias, no procedimento ordinário, de 75 (setenta e cinco) dias, no procedimento sumário, e de 135 (cento e trinta e cinco) dias, não podendo ultrapassar 178 (cento e setenta e oito) dias, na primeira fase do procedimento do Tribunal do Júri."*

Em que pese esse posicionamento e outros semelhantes que emergem da doutrina e jurisprudência nacionais, não significa que o impasse foi solucionado encontrando-se o prazo certo para a formação da culpa, ou seja, do tempo máximo em que o cidadão pode ser mantido preso enquanto aguarda seu julgamento.

Na verdade, o mais correto seria que a lei adjetiva penal estabelecesse, de modo expresso, um prazo razoável para encerramento da instrução criminal em processo com prisão cautelar decretada, pois, a prevalecer solução da questão por meio de construção pretoriana, com certeza levará a uma situação de insegurança jurídica, com possíveis pronunciamentos judiciais díspares para casos jurídicos idênticos.

Assim sendo, enquanto não for resolvido definitivamente este problema, determinando-se, por lei, um prazo justo para a formação da culpa em processo de réu preso, defendemos, com todo respeito às opiniões contrárias, mas louvando quem pensa de igual forma, que o prazo ideal para o encerramento da instrução criminal neste caso, é de 81 (oitenta e um) dias, aplicando-se, por analogia, a Lei nº 9.034/95 (Lei de Combate ao Crime Organizado), que estabelece este prazo de forma expressa.

Vade-Mécum dos Remédios Jurídicos de
Defesa da Liberdade Individual de Locomoção

A justificativa para tanto, é simples.

É de curial sabença que o crime organizado é considerado de grave potencial ofensivo e, na generalidade, de difícil elucidação. Ora, se o indivíduo que responde a um crime nesses termos tem o direito de ver sua instrução encerrada no prazo de 81 dias, é óbvio que o acusado de um delito menos gravoso deverá receber, no mínimo, o mesmo tratamento. Evidentemente, tal regra não deverá ser aplicada quando houver um prazo legal preestabelecido para determinado procedimento, como acontece no caso da Lei Antidrogas (Lei nº 11.343/2006).

De outra parte, não é apenas a coação ou a ameaça direta à liberdade de locomoção que autoriza a impetração do *habeas corpus*. A indireta também justifica a impetração deste remédio constitucional inscrito no art. 5º, inc. LXVIII, da CF/88. Existem, pois, diversos casos conhecidos em que, apenas de modo indireto, há prejuízo à liberdade pessoal, cabendo, dentre outros, *habeas corpus*, para:

1. Trancar o inquérito policial ou ação penal por falta de justa causa;

2. Declarar a nulidade de um ato processual;

3. Contrariar decisão que impõe ilegalmente medida cautelar alternativa;

4. Impugnar sentença que fixa regime de pena mais gravoso que o legal, desnecessariamente;

5. Impedir que o cidadão seja constrangido a produzir prova contra si, como por exemplo: fornecer amostras de sangue, de saliva; soprar bafômetro; participar de reconstituição de crime; fazer exame grafotécnico;

6. Assegurar o direito ao silêncio perante autoridade policial, comissão parlamentar de inquérito (CPI) e juízo de qualquer instância.

Como visto, o *habeas corpus* é o instrumento jurídico mais usado para defesa da liberdade de locomoção, porquanto pode ser impetrado com uma série de objetivos, sempre em relação direta ou indiretamente ao direito de liberdade física do indivíduo, que foi ou está na iminência de ser violado.

Notas Explicativas

1. As modalidades de provas mencionadas no item 5 acima enumerado são tidas como invasivas, pois dependem de intervenções corporais. Logo, precisam de autorização da pessoa para ser realizadas, podendo esta, no exercício do direito de não se auto-incriminar, negar-se a produzi-las.

2. Em relação ao silêncio (item 6), ou seja, de não falar na Polícia, CPI ou em Juízo, por se tratar também de um direito de não se auto-incriminar, nenhuma consequência jurídica negativa poderá sobrevir do seu exercício por qualquer pessoa: acusado, vítima, testemunha, perito, etc.

3. A jurisprudência dos nossos Tribunais Superiores também caminha no sentido de que ninguém pode ser compelido a fazer ou deixar de fazer alguma coisa, seja em âmbito processual, administrativo ou qualquer outro, que tenha a possibilidade de trazer-lhe prejuízo na seara criminal.

4. Tal direito é comumente afirmado por meio das seguintes frases latinas: *nemo tenetur se detegere* (ninguém pode ser obrigado a se pôr a descoberto) ou *nemo tenetur se ipsum accusare* (ninguém pode ser obrigado a acusar-se). Ou, ainda, do Direito anglo-americano, *privilege against self-incrimination* (privilégio contra a auto-incriminação).

Situação tormentosa que se deve trazer à baila é o caso de determinação por autoridade policial (Delegado de Polícia), Comissões Parlamentares de Inquérito (CPIs) ou pelo Ministério Público, no exercício de suas atribuições, para a condução coercitiva (debaixo de vara) de quem pretendem colher depoimentos ou declarações.

Entendemos, respeitando as doutas opiniões em sentido contrário, que a condução coercitiva representa, *de per si*, manifesta restrição à liberdade de locomoção, uma vez que retira do conduzido o direito constitucional de ir, vir e ficar, correndo risco de ser algemado e encarcerado até ser ouvido pela autoridade que se diz competente. Razão pela qual, somente o juiz pode determinar essa medida restritiva, que constitui, segundo boa parte da doutrina que perfilhamos, uma verdadeira modalidade de prisão.

Portanto, havendo recusa de pessoas intimadas a prestarem esclarecimentos junto a esses órgãos extrajudiciais, há que se requerer autorização judicial para que sejam conduzidas coercitivamente à presença da autoridade competente, respeitando-se, demais, o direito ao silêncio.

A prática desautorizada dessa conduta gera constrangimento ilegal passível de *habeas corpus* para reparar ou prevenir a violação ao direito de locomoção, sem prescindir da aplicação da Lei nº 4.898/65, por possível abuso de poder.

Chega-se a esse entendimento pela leitura atenta dos artigos 201, 218, 260, 411 § 7º e 535 do CPP; art. 3º, § 1º, da Lei nº 1.579/52 c/c os artigos 58 § 3º e 5º, incs. LXI, LXIII e LXVIII da CF/88.

O *habeas corpus*, como visto, *é* utilizado para corrigir inúmeras situações processuais identificadas em cada caso concreto. Embora tido como uma verdadeira ação constitucional, muitas vezes funciona como: recurso; simples providência, ou remédio jurídico processual, sendo que a discussão específica sobre este assunto transcende os limites e objetivos deste trabalho.

1.2. Competência para Conhecer do Habeas Corpus

O limite imposto ao órgão judiciário para o exercício legítimo do poder jurisdicional é fixado por regras constitucionais e legais, configurando-se então a competência. Consequentemente, o critério primário a ser averiguado é o territorial, perquirindo-se o lugar onde ocorre a coação ilegal. Após, examina-se a qualidade da autoridade coatora, verificando-se se detém ou não foro privilegiado, conforme regras a seguir delineadas.

Art. 649. O juiz ou o tribunal, dentro dos limites da sua jurisdição, fará passar imediatamente a ordem impetrada, nos casos em que tenha cabimento, seja qual for a autoridade coatora.

Art. 650. Competirá conhecer, originariamente, do pedido de habeas corpus:

I - ao Supremo Tribunal Federal, nos casos previstos no art. 101, I, g, da Constituição;

*Refere-se à CF de 1937. Corresponde ao art. 102, inc. I, "d" e "i" da CF/88.

II - aos Tribunais de Apelação, sempre que os atos de violência ou coação forem atribuídos aos governadores ou interventores dos Estados ou Territórios e ao prefeito do Distrito Federal, ou a seus secretários, ou aos chefes de Polícia.

*Os Tribunais de Apelação correspondem atualmente aos Tribunais de Justiça.

§ 1º A competência do juiz cessará sempre que a violência ou coação provier de autoridade judiciária de igual ou superior jurisdição.

*Vide Súmula 606 do STF.

§ 2º *Não cabe o habeas corpus contra a prisão administrativa, atual ou iminente, dos responsáveis por dinheiro ou valor pertencente à Fazenda Pública, alcançados ou omissos em fazer o seu recolhimento nos prazos legais, salvo se o pedido for acompanhado de prova de quitação ou de depósito do alcance verificado, ou se a prisão exceder o prazo legal.*

*A prisão administrativa sobredita não foi recepcionada pela CF/88 (vide art. 5º, inc. LXI), tornando-se, por isso, letra morta.

Art. 651. A concessão do **habeas corpus** não obstará, nem porá termo ao processo, desde que este não esteja em conflito com os fundamentos daquela.

*Art. 652. Se o **habeas corpus** for concedido em virtude de nulidade do processo, este será renovado.*

Art. 653. Ordenada a soltura do paciente em virtude de habeas corpus, será condenada nas custas a autoridade que, por má-fé ou evidente abuso de poder, tiver determinado a coação.

Parágrafo único. Neste caso, será remetida ao Ministério Público cópia das peças necessárias para ser promovida a responsabilidade da autoridade.

1.3. Legitimidade: Ativa e Passiva – Requisitos e Processamento do HC

Art. 654. O **habeas corpus** poderá ser impetrado por qualquer pessoa, em seu favor ou de outrem, bem como pelo Ministério Público.

*Vide art. 1º, § 1º, da Lei nº 8.906/94. O art. 133 da CF/88 diz ser o advogado indispensável à administração da Justiça.

§ 1º *A petição de **habeas corpus** conterá:*

a) o nome da pessoa que sofre ou está ameaçada de sofrer violência ou coação e o de quem exercer a violência, coação ou ameaça;

95

b) a declaração da espécie de constrangimento ou, em caso de simples ameaça de coação, as razões em que funda o seu temor;

c) a assinatura do impetrante, ou de alguém o seu rogo, quando não souber ou não puder escrever, e a designação das respectivas residências.

§ 2º *Os juízes e os tribunais têm competência para expedir de ofício ordem de habeas corpus, quando no curso de processo verificar que alguém sofre ou está na iminência de sofrer coação ilegal.*

*Art. 655. O carcereiro ou o diretor da prisão, o escrivão, o oficial de justiça ou a autoridade judiciária ou policial que embaraçar ou procrastinar a expedição de ordem de **habeas corpus**, as informações sobre a causa da prisão, a condução e apresentação do paciente, ou a sua soltura, será multado na quantia de duzentos mil-réis a um conto de réis, sem prejuízo das penas em que incorrer. As multas serão impostas pelo juiz do tribunal que julgar o habeas corpus, salvo quando se tratar de autoridade judiciária, caso em que caberá ao Supremo Tribunal Federal ou ao Tribunal de Apelação impor as multas.*

*Onde se lê Tribunal de Apelação, leia-se Tribunal de Justiça.
*Vide arts. 319 a 330 do CP.

*Art. 656. Recebida a petição de **habeas corpus**, o juiz, se julgar necessário, e estiver preso o paciente, mandará que este lhe seja imediatamente apresentado em dia e hora que designar.*

Parágrafo único. Em caso de desobediência, será expedido mandado de prisão contra o detentor, que será processado na forma da lei, e o juiz providenciará para que o paciente seja tirado da prisão e apresentado em juízo.

*Vide art. 330 do CP.

Art. 657. Se o paciente estiver preso, nenhum motivo escusará a sua apresentação, salvo:

I - grave enfermidade do paciente;

II - não estar ele sob a guarda da pessoa a quem se atribui a detenção;

III - se o comparecimento não tiver sido determinado pelo juiz ou pelo tribunal.

Parágrafo único. O juiz poderá ir ao local em que o paciente se encontrar, se este não puder ser apresentado por motivo de doença.

Art. 658. O detentor declarará à ordem de quem o paciente estiver preso.

Art. 659. Se o juiz ou o tribunal verificar que já cessou a violência ou coação ilegal julgará prejudicado o pedido.

*Vide Súmula 695 do STF.

Art. 660. Efetuadas as diligências, e interrogado o paciente, o juiz decidirá, fundamentadamente, dentro de 24 (vinte e quatro) horas.

§ 1º Se a decisão for favorável ao paciente, será logo posto em liberdade, salvo se por outro motivo dever ser mantido na prisão.

§ 2º Se os documentos que instruírem a petição evidenciarem a ilegalidade da coação, o juiz ou o tribunal ordenará que cesse imediatamente o constrangimento.

*Vide Súmula 431 do STF.

§ 3º Se a ilegalidade decorrer do fato de não ter sido o paciente admitido a prestar fiança, o juiz arbitrará o valor desta, que poderá ser prestada perante ele, remetendo, neste caso, à autoridade os respectivos autos, para serem anexados aos do inquérito policial ou aos do processo judicial.

*§ 4º Se a ordem de **habeas corpus** for concedida para evitar ameaça de violência ou coação ilegal, dar-se-á ao paciente salvo-conduto assinado pelo juiz.*

§ 5º Será incontinenti enviada cópia da decisão à autoridade que tiver ordenado a prisão ou tiver o paciente à sua disposição, a fim de juntar-se aos autos do processo.

§ 6º *Quando o paciente estiver preso em lugar que não seja o da sede do juízo ou do tribunal que conceder a ordem, o alvará de soltura será expedido pelo telégrafo, se houver observadas as formalidades estabelecidas no art. 289, parágrafo único, in fine, ou por via postal.*

*Art. 661. Em caso de competência originária do Tribunal de Apelação, **a** petição de habeas corpus será apresentada ao secretário, que a enviará imediatamente ao presidente do tribunal, ou da câmara criminal, ou da turma, que estiver reunida, ou primeiro tiver de reunir-se.*

*Onde se lê Tribunal de Apelação, leia-se Tribunal de Justiça.

Art. 662. Se a petição contiver os requisitos do art. 654, § 1º, o presidente, se necessário, requisitará da autoridade indicada como coatora informações por escrito. Faltando, porém, qualquer daqueles requisitos, o presidente mandará preenchê-lo, logo que lhe for apresentada a petição.

*Art. 663. As diligências do artigo anterior não serão ordenadas, se o presidente entender que o **habeas corpus** deva ser indeferido in li mine. Nesse caso, levará a petição ao tribunal, câmara ou turma, para que delibere a respeito.*

*Art. 664. Recebidas as informações, ou dispensadas, o **habeas corpus** será julgado na primeira sessão, podendo, entretanto, adiar-se o julgamento para a sessão seguinte.*

*Vide Súmula 431 do STF.

Parágrafo único. A decisão será tomada por maioria de votos. Havendo empate, se o presidente não tiver tomado parte na votação, proferirá voto de desempate; no caso contrário, prevalecerá a decisão mais favorável ao paciente.

Art. 665. O secretário do tribunal lavrará a ordem que, assinada pelo presidente do tribunal, câmara ou turma, será dirigida, por ofício ou telegrama, ao detentor, ao carcereiro ou autoridade que exercer ou ameaçar exercer o constrangimento.

Vade-Mécum dos Remédios Jurídicos de
Defesa da Liberdade Individual de Locomoção

Parágrafo único. A ordem transmitida por telegrama obedecerá ao disposto no art. 289, parágrafo único, in fine.

*Art. 666. Os regimentos dos Tribunais de Apelação estabelecerão as normas complementares para o processo e julgamento do pedido de **habeas corpus** de sua competência originária.*

*Onde se lê Tribunal de Apelação, leia-se Tribunal de Justiça.

Art. 667. No processo e julgamento do habeas corpus de competência originária do Supremo Tribunal Federal, bem como nos de recurso das decisões de última ou única instância, denegatórias de habeas corpus, observar-se-á, no que lhes forem aplicáveis, o disposto nos artigos anteriores, devendo o regimento interno do tribunal estabelecer as regras complementares.

Notas Explicativas

1. Pelo que se dessume do artigo 654 do CPP, a legitimidade ativa do *Habeas Corpus* é um atributo da personalidade, podendo ser ajuizado por qualquer indivíduo, em seu favor ou de outrem, independentemente de capacidade processual ou postulatória. Já em relação à pessoa jurídica, é dominante o entendimento jurisprudencial no sentido de que a mesma não pode ser paciente do HC, pois jamais estará em jogo a sua liberdade de ir e vir, bem jurídico que este remédio constitucional visa proteger, podendo, contudo, impetrá-lo em favor de pessoa natural (Informativo nº 516/2008 do STF).

2. Tocantemente à legitimidade passiva do HC, deverá ser impetrado contra o ato do coator, que poderá ser tanto autoridade (delegado de polícia, promotor de justiça, magistrado) como particular. No primeiro caso, as hipóteses abarcam a ilegalidade e o abuso de poder. Já no segundo, as hipóteses se restringem à ilegalidade, uma vez que a CF/88 (art. 5º, inc. LXVIII) não se refere apenas ao "abuso de poder", (que representa ato de autoridade), mas também à "ilegalidade" (que

pode ser cometida por qualquer pessoa). Geralmente, a ameaça ou coação à liberdade ambulatória praticada por particular constitui crime previsto na legislação penal (arts. 146 e 148 do CP), bastando a intervenção policial para interrompê-las. Contudo, isso não impede o ajuizamento do HC, já que existem situações em que esse tipo de intervenção se torna difícil ou até mesmo impossível, como, por exemplo, nos casos de internações em hospitais, clínicas psiquiátricas, etc. Nesta linha, em nome da segurança e rapidez, é como vem se posicionando a grande maioria da doutrina moderna.

3. As competências dos tribunais se dividem em originária e recursal, sendo que o diploma legal que regula a competência para julgamento do *habeas corpus* é a Constituição Federal. Assim, o artigo 102, inciso I, alíneas "d" e "i", cuida da competência do Supremo Tribunal Federal; o artigo 105, inciso I, alínea "c", trata da competência do Superior Tribunal de Justiça; o artigo 108, inciso I, alínea "d", dos Tribunais Regionais Federais e o artigo 109, inciso VII, dos juízes federais.

4. As Justiças Trabalhista, Eleitoral e Militar processarão e julgarão o HC se o ato questionado envolver assunto sujeito à sua jurisdição (art. 114, IV; art. 121; e art. 124, CF/88).

5. A Justiça Estadual terá sua competência definida pelas Constituições dos respectivos estados e de suas leis de organização judiciária e regimentos, observados os princípios estabelecidos na Constituição da República (art. 125, CF/88).

6. Na Justiça do Distrito Federal e dos Territórios, a competência para processar e julgar *habeas corpus* encontra-se disciplinada no art. 8º, inc. I, al. "d"; art. 19, inc. II, e art. 41, inc. II, da Lei nº 11.697/2008, bem como no art. 8º, inc. I, al. "d"; art. 18, inc. III e art. 19, inc. III, do seu Regimento Interno.

7. Denegada uma ordem de *habeas corpus* impetrada perante um juiz de primeiro grau, poderá ser interposto o recurso previsto no artigo 581, inc. X do CPP (Recurso em Sentido

Estrito). Todavia, como a tramitação deste recurso é lenta, o mais indicado é impetrar outro pedido de HC dirigindo-se ao tribunal competente, ao invés de recorrer, já que o processamento deste *writ*, por visar proteger o direito à liberdade de locomoção, tem prioridade de conhecimento e julgamento em relação às demais ações penais.

8. Malgrado a previsão constitucional para o recurso ordinário de *habeas corpus*, tanto perante o STJ (art. 105, inc. II, al. "a", da CF/88), quanto perante o STF (art. 102, inc. II, al. "a", da CF/88), entendemos, com a devida vênia das opiniões doutrinárias e jurisprudenciais em sentido oposto, que o pedido de *habeas corpus* pode ser reiterado no juízo de 1º grau, de 2º grau, ou até mesmo no STJ ou STF, ainda que baseado nos mesmos fatos. Devendo, todavia, ser formulado e instruído com novos argumentos ou novas provas documentais.

9. O HC é um remédio heróico utilizado para restabelecer situações de constrangimentos ilegais, podendo ser concedido até mesmo de ofício por qualquer magistrado diante de uma ilegalidade. Conseguintemente, não é razoável para um Estado Democrático de Direito, protetor dos direitos e garantias fundamentais, afastar a possibilidade de *habeas corpus* substitutivo para evitar a permanência de arbitrariedades ou violência estatal viciada pela ilegalidade, sob a alegação do formalismo exacerbado e acúmulo de trabalho, conforme se depreende do julgamento proferido pelo STF no HC nº 109.956-PR (De 11.09.12), que considerou inadequado o pedido de *habeas corpus* substitutivo.

10. No que concerne à aplicação da multa prevista no art. 655 do CPP àqueles que embaraçarem a expedição da ordem de *habeas corpus*, sendo esta inaplicável, visto que o valor prescrito não foi atualizado por lei, apenas as providências administrativas e criminais serão tomadas contra os que deixarem de dar cumprimento às determinações judiciais.

11. Registre-se, finalmente, que a concessão da ordem de *habeas corpus* a um impetrante beneficiará os demais que estiverem na mesma situação, aplicando-se, por analogia, a regra prevista no art. 580 do CPP.

1.4. Regra Básica de Identificação da Competência para Apreciação e Julgamento do Habeas Corpus

A regra básica, bastante conhecida, para identificar a competência em relação ao *habeas corpus* é a seguinte: o **HC** será sempre endereçado e julgado pela autoridade hierarquicamente superior àquela que praticou ou determinou o ato ilegal ou abusivo (autoridade coatora), contra a qual se impetra o *habeas corpus*.

Assim, quando o ato decorrer de delegado de polícia, a competência para decidir é do juiz singular da comarca. No entanto, se o ato ilegal partir deste mesmo magistrado que denega a ordem, ele passa a responder pelo ato perpetrado pelo delegado, figurando como autoridade coatora, hipótese em que a competência se transfere para o tribunal local, e assim por diante.

De forma ainda mais prática, consabidamente, a regra pode assim ser delineada:

Ato ilegal ou abusivo de delegado de polícia: Impetra-se o HC para o juiz de primeiro grau local;

Ato ilegal ou abusivo de juiz de primeiro grau: HC para o tribunal competente (estadual, federal, militar, eleitoral, etc., (dependendo da competência);

HC contra ato dos Juizados Especiais: compete à Turma Recursal;

HC contra ato da Turma Recursal: cabe ao TJ ou TRF, dependendo da jurisdição, se estadual ou federal;

Ato de tribunal de segunda instância (TJ, TRF, TRE, TJM): HC para o STJ (quando competente a justiça federal ou estadual); HC para o STM (se o caso for Justiça Militar) ou TSE (se da Justiça Eleitoral);

Ato do STJ, STM ou TSE: HC para o STF.

Como se vê, não pode o Tribunal Superior, de regra, conhecer de *habeas corpus* impetrado sem que a questão nele levantada tenha sido discutida ou decidida em recurso julgado pelo Tribunal Estadual, sob pena de haver supressão de instância.

Entretanto, segundo o magistério de Guilherme de Souza Nucci, estribado em aresto do Superior Tribunal de Justiça, pode o Tribunal Superior, *"em caso de urgência e relevância, conceder, de ofício, ordem de habeas corpus para fazer cessar o constrangimento ilegal, bem como determinando que o Tribunal Estadual analise o ponto suscitado."* (Código de processo penal comentado, 10. ed. 2011, p.1125).

2. Pedido de Relaxamento da Prisão em Flagrante

No relaxamento da prisão em flagrante observa-se o disposto no art. 5º, inc. LXV, da CF/88, e o art. 310, inc. I, do CPP, segundo os quais a prisão ilegal será imediatamente relaxada pela autoridade judiciária, limitando-se às situações de vício de forma e substância na autuação.

Veja que o Código de Processo Penal, em seus artigos 302 a 310 já analisados, é claro ao dispor sobre as hipóteses de flagrância e formalidades legais do respectivo Auto de Prisão em Flagrante (APF). Logo, caso a prisão em flagrante ocorra em contrariedade aos dispositivos supramencionados, será considerada ilegal, cabendo contra ela o relaxamento imediato pelo juiz, e, excepcionalmente, pela autoridade policial, nos termos, a contrário senso, do art. 304, § 1º, do CPP, ou seja, quando da lavratura do APF não resultar, das respostas dadas pelo condutor, pelas testemunhas e pelo próprio conduzido, fundada suspeita contra este.

Vale lembrar que a prisão em flagrante não se refere apenas ao momento em que o agente infrator é capturado, mas a todos os atos da sua lavratura. Desta forma, se, por exemplo, não for expedida a nota de culpa, a prisão será considerada ilegal, devendo ser relaxada imediatamente pelo próprio juiz da ação. Caso haja omissão por parte do magistrado, caberá o pedido de relaxamento, via advogado, ou até mesmo *habeas corpus* para o tribunal competente.

Geralmente, o relaxamento da prisão ocorre nos casos de prisão em flagrante, porém nada impede que venha a acontecer com relação a uma prisão decorrente de ordem judicial (preventiva ou temporária), basta que seja efetuada em desacordo com as disposições legais e constitucionais.

Pode ocorrer também o relaxamento da prisão cautelar em razão do excesso de prazo na instrução criminal, o que pode ser reconhecido até mesmo de ofício pelo juiz ou tribunal. Isto porque, tomando ciência de uma prisão ilegal, o magistrado deve, incontinenti, relaxá-la, concedendo inclusive, de ofício, *habeas corpus*.

Notas Explicativas

1. Como visto, havendo alguma ilegalidade material (ausência clara de situação de flagrante) ou formal (irregularidade no APF), o relaxamento da prisão e soltura imediata do preso é medida obrigatória a ser tomada, de ofício, pela autoridade competente, sob pena de incorrer em abuso de poder caso assim não proceda. Cabendo, na hipótese, a formulação das medidas necessárias mirando restabelecer a liberdade ambulatória do preso.

2. A autoridade competente para apreciar o pedido de relaxamento de prisão é o juiz de primeiro grau. Porém, diante de manifesta ilegalidade da prisão detectada por ocasião da lavratura do APF, nada impede que o advogado advirta

pessoalmente a autoridade policial para que esta se abstenha de lavrar o referido auto, pondo em liberdade quem estiver sofrendo a violação do direito de ir e vir.

3. O prazo para o pedido de relaxamento da prisão perante a Justiça perdura enquanto subsistir a prisão ilegal.

4. No pedido deve-se mencionar a ilegalidade material ou formal do flagrante, requerendo-se a expedição de alvará de soltura.

5. Da decisão que nega o pedido de relaxamento de prisão, cabe *habeas corpus* ao tribunal competente.

3. Pedido de Liberdade Provisória

A liberdade provisória, como já asseverado, está garantida na CF/88 no art. 5º, inc. LXVI, segundo o qual ninguém será levado à prisão ou nela mantido, quando a lei admitir liberdade provisória, com ou sem fiança.

Assim, recapitulando, quando o juiz verificar, pelo auto de prisão em flagrante, a ausência de qualquer das hipóteses autorizadoras da prisão preventiva, concederá ao réu liberdade provisória, mediante termo de comparecimento a todos os atos do processo, sob pena de revogação. Não procedendo desta forma, caberá o pedido formal nesse sentido, ou até mesmo *habeas corpus* perante o tribunal competente.

A liberdade provisória não se confunde com o relaxamento da prisão. A diferença básica entre os dois institutos (Pedidos) está na ilegalidade da prisão: se for ilegal, pede-se o relaxamento da prisão; se for legal, mas desnecessária, requer-se a liberdade provisória, desde que não o faça o juiz de ofício.

4. Pedidos de Revogação de Prisão Preventiva e Temporária

Conforme já estudado, o Código de Processo Penal menciona as hipóteses em que se admite a decretação da prisão preventiva (art. 313), sempre observando as circunstâncias contidas no art. 312.

Já a prisão temporária, embora parecida com a prisão preventiva, possui características e requisitos próprios previstos na Lei nº 7.960/89, sendo apresentada como uma antecipação da prisão preventiva.

Desse modo, estando o indivíduo preso, seja preventiva ou temporariamente, para obter a sua liberdade deve-se pedir a revogação da prisão decretada, expondo os motivos legais que justifiquem a desnecessidade da medida cautelar imposta.

A revogação da prisão preventiva também não se confunde com o relaxamento da prisão, situação em que, não subsistindo os pressupostos ou requisitos da medida extrema, deve o juiz revê-la para substituí-la por outra cautelar (art. 319, do CPP) ou mesmo revogá-la (art. 316, do CPP). No caso de relaxamento, por ter sido ilegal a custódia cautelar, não se deve impor ao acusado qualquer restrição, pois se trata, na realidade, de anulação de ato praticado fora da lei.

Apesar de o *habeas corpus* ser o remédio jurídico mais amplo e eficiente destinado a proteger a liberdade de locomoção, recomenda-se, nos casos suscetíveis de relaxamento de prisão, liberdade provisória e revogação de prisão preventiva ou temporária, que sejam formulados, primeiramente, os pedidos formais nesse sentido. Somente impetrando a ação mandamental (HC) na hipótese de denegação dos pleitos ajuizados.

Vade-Mécum dos Remédios Jurídicos de
Defesa da Liberdade Individual de Locomoção

5. Mandado de Segurança Criminal – MSC

Cabe aqui fazer um pequeno adendo sobre o cabimento do Mandado de Segurança na esfera criminal, haja vista que tanto a Constituição Federal quanto o Código de Processo Penal e a legislação de regência silenciam a respeito.

A Lei Suprema, no mesmo Título e Capítulo onde se encontra inserido o *habeas corpus*, dispõe em seu artigo 5º, inciso LXIX, que: *"conceder-se-á mandado de segurança para proteger direito líquido e certo, não amparado por 'habeas-corpus' ou 'habeas-data', quando o responsável pela ilegalidade ou abuso de poder for autoridade pública ou agente de pessoa jurídica no exercício de atribuições do Poder Público;"*

A nova lei do Mandado de Segurança (Lei Federal nº 12.016, de 7 de agosto de 2009, que substituiu a Lei nº 1.533/51) estabelece no artigo 1º que: *"conceder-se-á mandado de segurança para proteger direito líquido e certo, não amparado por habeas corpus ou habeas data, sempre que, ilegalmente ou com abuso de poder, qualquer pessoa física ou jurídica sofrer violação ou houver justo receio de sofrê-la por parte de autoridade, seja de que categoria for e sejam quais forem às funções que exerça."*

Acontece que por tratar-se de uma ação constitucional destinada também a tutelar as liberdades individuais em face dos arbítrios estatais, o Mandado de Segurança não pode ser interpretado restritivamente, sob pena de ofensa à hermenêutica jurídica, especialmente à constitucional.

Assim sendo, inobstante o silêncio do legislador, não há como refutar o cabimento do Mandado de Segurança diante de uma prática ilegal ou abusiva por parte de autoridade pública em matéria criminal, principalmente quando não couber recurso com efeito suspensivo, conforme se extrai da interpretação literal, a contrário *sensu*, do artigo 5º, incisos II e III, da nova lei.

Além do mais, apesar de o *habeas corpus* ser o remédio jurídico garantidor da liberdade física, nem toda ilegalidade perpetrada ao longo da investigação policial ou instrução processual afeta unicamente este direito de locomoção. De conse-

107

guinte, haverá casos em que o HC não terá lugar, surgindo, de efeito, a necessidade de impetração do MSC para preencher esse espaço em branco deixado pelo legislador.

Assim, enquanto o *Habeas Corpus* assegura o direito de liberdade de locomoção, o Mandado de Segurança, por ser igualmente uma ação de índole constitucional, também tem sido aplicado na seara criminal, visto que no transcurso do processo penal, além das questões referentes à liberdade da pessoa indiciada num inquérito policial ou acusada numa ação penal, podem surgir outras relativas ao direito material de natureza diversa, que não sejam especificamente de liberdade física, ou até mesmo de caráter procedimental não tuteladas por *habeas corpus*.

Trata-se, na verdade, de antiga orientação doutrinária e jurisprudencial, tencionando facilitar a proteção de direito líquido e certo não amparado por *habeas corpus*, que seja negado ou mesmo ameaçado por autoridade no exercício de atividades do poder público.

Este remédio jurídico constitucional, de grande importância e indiscutível aplicabilidade em matéria criminal reconhecida pelo Supremo Tribunal Federal (Súmula 701), deveria ter sido previsto expressamente como tal na nova lei do *mandamus*, o que infelizmente foi esquecido pelo legislador ordinário.

Quanto ao disciplinamento do Mandado de Segurança, que envolve a admissibilidade, legitimidade ativa e passiva, prazo, procedimento, e dá outras providências, encontra-se previsto na lei que o rege, cuja leitura sugerimos ao leitor.

Relativamente à competência para julgar o Mandado de Segurança Criminal, aplica-se as mesmas regras atinentes ao *Habeas Corpus*, ou seja, define-se a competência pela hierarquia da autoridade coatora e pela sua sede funcional, observando-se a Constituição Federal, as Constituições dos respectivos estados e suas leis de organização judiciária e regimentos.

O MSC, assim como o HC, também pode ser repressivo ou preventivo, desde que, respectivamente, o impetrante comprove, de plano, que haja sofrido ou tenha justo receio de

Vade-Mécum dos Remédios Jurídicos de
Defesa da Liberdade Individual de Locomoção

sofrer violação ou ameaça ao seu direito líquido e certo, em decorrência de ato comissivo ou omissivo praticado por autoridade pública, com ilegalidade ou abuso de poder.

A título de exemplos, seguem abaixo os casos mais comuns de Mandado de Segurança Criminal admitidos pela doutrina e jurisprudência pátrias:

1. Quando denegado ao advogado o direito de vista do inquérito policial ou processo penal, ainda que tramitem em segredo de justiça;

2. Contra recusa arbitrária de vista dos autos de ação penal fora de cartório a advogado;

3. Para garantir o direito do advogado se entrevistar pessoal e reservadamente com seu cliente preso, nos moldes do artigo 7º, inciso III, da Lei nº 8.906, de 04 de julho de 1994 (EAOAB);

4. Para se obter a devolução de coisas apreendidas indevidamente durante o transcurso do inquérito policial e do processo penal, inclusive por terceiros de boa-fé que faça jus à restituição;

5. Contra decisão que impede o advogado de ser admitido como assistente de acusação, na forma do art. 268 do CPP;

6. Contra apreensão de objetos que não guardem qualquer relação com o crime;

7. Contra a decisão que denega a produção antecipada de prova material considerada urgente, na forma do art. 156 do Código de Processo Penal;

8. Para se obter efeito suspensivo não previsto na legislação, ao recurso de agravo em execução e ao recurso em sentido estrito, caso haja ilegalidade na decisão atacada, seguida do *periculum in mora*;

9. Quando denegado o direito a se juntar documentos em qualquer fase do processo, a teor do art. 231 do CPP;

10. Quando se quer assegurar o processamento da correição parcial, no caso do juiz corrigido denegar seu prosseguimento;

11. Para garantir o sigilo da folha de antecedentes criminais, na forma do artigo 202 da Lei nº 7.210/84 - LEP;

12. Para que o cidadão, civilmente identificado, não seja submetido à identificação criminal, nos termos do art. 5º, inc. LVIII, da CF/88 e Lei nº 12.037/2009;

13. Para combater medida cautelar de sequestro adotada ilegalmente;

14. Quando houver negação ou omissão em se fornecer certidões a que tenha direito o acusado, inclusive de antecedentes criminais, por meio de seu advogado;

15. Para assegurar a presença do advogado durante a produção de alguma prova na fase policial; (Vide súmula vinculante nº 14)

16. Para não permitir a injustificada quebra do sigilo fiscal, bancário ou de outros dados que prejudiquem o acusado ou réu, etc.

A maioria das hipóteses acima enumeradas são exemplos coligidos da prática forense, elencadas pelo criminalista Damásio Evangelista de Jesus em seu Código de Processo Penal Anotado, 2010, p. 557-558, bem como pelo mestre Fernando Capez (Curso de processo penal. 18. ed. São Paulo: Saraiva, 2011, p. 833-834).

Capítulo VI - Dos Modelos Práticos Exemplificativos dos Remédios Jurídicos de Defesa da Liberdade de Locomoção

> *"Longo é o caminho do ensino por meio de teorias; breve e eficaz por meio de exemplos."*
>
> Sêneca

Quando precisamos elaborar uma petição na esfera criminal para que nosso cliente (injustiçado, investigado, indiciado, acusado ou réu) se mantenha livre da prisão ou possa responder ao processo em liberdade, temos à nossa disposição, como já explicitado, os seguintes instrumentos jurídicos a serem endereçados ao juízo competente: o *HABEAS CORPUS* e os PEDIDOS DE RELAXAMENTO DE PRISÃO EM FLAGRANTE, LIBERDADE PROVISÓRIA COM OU SEM FIANÇA E REVOGAÇÃO DE PRISÃO PREVENTIVA OU TEMPORÁRIA, cuja escolha vai depender da análise do caso concreto apresentado.

Vamos iniciar a apresentação dos nossos modelos pelo mais importante dos remédios jurídicos visto no campo do Direito Processual Penal: o *Habeas Corpus.*

Poderíamos aqui elaborar diversos modelos específicos de *habeas corpus.* Todavia, isso, além de desvirtuar a finalidade da presente obra, fomentaria a ociosidade do trabalho intelectual a ser desenvolvido pelo profissional.

Na verdade, conforme registrado inicialmente na apresentação deste trabalho, os modelos propostos não se revestem do caráter de especificidade, visto que no âmbito criminal, repita-se, cada caso é um caso, mas servem como referencial para elaboração da medida jurídica cabível contra a ilegal ou abusiva privação da liberdade de locomoção.

1. Orientação Importante para Elaboração da Petição do HC

Os requisitos formais do pedido de *habeas corpus* são localizados no §1º do artigo 654 do Código de Processo Penal.

Nomenclatura

Impetrante: designa a pessoa que pede a ordem de *habeas corpus* (normalmente o advogado, mas nada impede que seja o próprio paciente ou qualquer outra pessoa).

Impetrada: designa a autoridade judiciária a quem é dirigido o pedido.

Paciente: designa a pessoa que sofre ou está ameaçada de sofrer um constrangimento ilegal (normalmente o cliente).

Autoridade Coatora: designa a pessoa que exerce ou ameaça exercer o constrangimento (quem determinou o ato arbitrário).

Detentor: designa a pessoa que detém o paciente.

Endereçamento: sempre ao órgão julgador superior à autoridade coatora.

Histórico: exposição fática do ato arbitrário.

Embasamento legal: artigo 5º, inc. LXVIII, da CF/88 e artigos 647 e 648 do CPP.

Fundamentação jurídica subsidiária: exposição doutrinária e jurisprudencial.

Pedido: concessão in *limine* e manutenção no mérito. Se for indeferido o pedido liminar, que seja deferido na apreciação de mérito.

Ao final, insere-se a data, o nome e assinatura do advogado com o número da inscrição na OAB.

Vade-Mécum dos Remédios Jurídicos de
Defesa da Liberdade Individual de Locomoção

Notas Explicativas

1. Não se localizando o inciso expresso para combater o ato ilegal ou abusivo no rol do artigo 648 do CPP, por não ser taxativo, deve ser apontado outro dispositivo legal ou princípio fundamental que revele a ausência de justa causa na ilegalidade da coação, ou seja, de fundamentos fáticos e jurídicos autorizadores do constrangimento à liberdade ambulatória.

2. Alerta o consagrado jurista Fernando da Costa Tourinho Filho, que a expressão "falta de justa causa", contida no inciso I do artigo supracitado, "é tão *ampla que chega a abranger todas as outras hipóteses elencadas nos demais incisos do art. 648 do CPP.*" (Código de Processo Penal Comentado, vol. 2, 14ª edição, 2012, Saraiva, p. 550).

3. A concessão de liminar em *habeas corpus,* tanto na hipótese de preventivo quanto liberatório, embora sem previsão legal expressa, tem sido amplamente admitida pela doutrina e jurisprudência pátrias, bastando que estejam presentes os requisitos do *periculum in mora* (probabilidade de dano irreparável à liberdade de locomoção pela demora) e do *fumus boni juris* (elementos que indiquem a presença de ilegalidade no constrangimento).

4. O tipo de *habeas corpus* impetrado é que vai delinear a ordem a ser expedida. Se preventivo, o pedido é a expedição de um salvo-conduto; se liberatório, o requerimento é de expedição de alvará de soltura; se relacionado ao trancamento de inquérito policial, de ação penal, de declaração de nulidade, desconstituição da sentença etc., o pedido será de uma ordem nesse sentido.

5. Conforme se depreende da literalidade do art. 654 do CPP, os requisitos formais para o recebimento do *habeas corpus* são mínimos. Preenchidas as condições da ação e identificados os sujeitos do HC, a Justiça deve se pronunciar a respeito, por pior que seja a técnica utilizada na redação do pedido formulado. Aliás, não poderia ser diferente, porquanto não se exige capacidade postulatória para sua impetração. Entretan-

113

Joaquim de Campos Martins

to, é importante lembrar que o atendimento às formalidades legais, bem como o emprego de uma redação escorreita, pautada pela boa técnica jurídica, com certeza influenciam positivamente no convencimento do julgador, tornando maiores as chances de êxito do *habeas corpus*. Assim, apesar de poder ser impetrado por qualquer pessoa, recomendamos que o HC seja redigido por um advogado, como forma de aumentar as possibilidades de sucesso desta ação mandamental.

6. A petição de *habeas corpus* deve sempre ser instruída com provas pré-constituídas, já que o seu procedimento não admite dilação probatória, principalmente para a concessão de liminar. Dispensando-se, no entanto, o recolhimento de preparo ou custas processuais, nos termos do artigo 5º, inciso LXXVII, da CF/88, e Leis nºs 8.289/96 e 9.265/96.

2. Modelo Padrão de Petição de *Habeas Corpus* que pode ser adaptado para diversos casos de acordo com a tese desenvolvida.

EXCELENTÍSSIMO (A) SENHOR (A) JUIZ (A), DESEMBARGADOR (A) ou MINISTRO (A)... (especificar) (**Obs.:** sempre ao órgão julgador superior à autoridade coatora).

(Espaço de 10 linhas)

Nome completo do Advogado, inscrito na Ordem dos Advogados do Brasil, Seção... especificar, sob o nº..., com escritório... endereço completo, vem, mui respeitosamente, perante Vossa Excelência impetrar ordem de **HABEAS CORPUS COM PEDIDO DE LIMINAR** (especificar tipo) em favor de... nome completo do Paciente, nacionalidade, estado civil, profissão, portador da cédula de identidade RG nº...., inscrito no CPF

Vade-Mécum dos Remédios Jurídicos de
Defesa da Liberdade Individual de Locomoção

sob o n°...., residente e domiciliado... endereço completo, com fulcro no artigo 5º, inc. LXVIII, da CF/88, c/c os artigos 647 e 648 do CPP, contra ato ilegal praticado pelo... especificar a autoridade coatora pelas razões de fato e de direito a seguir expostas:

(Espaço de 02 linhas)

I – DOS FATOS (Exposição fática do ato arbitrário)

(Espaço de 02 linhas)

O Paciente... (narrar os fatos com objetividade, transcrevendo o problema)

(Espaço de 02 linhas)

II – DO DIREITO (Fundamentação jurídica)

(Espaço de 02 linhas)

Com efeito,... (declinar o ato ilegal ou abusivo) configura uma verdadeira coação ilegal contra o paciente, tratando-se de uma medida de extrema violência, uma vez que a... (argumentar de acordo com o problema).

Determina o artigo 5º, inc. LXVIII, da CF/88, que *"conceder-se-á habeas-corpus sempre que alguém sofrer ou se achar ameaçado de sofrer violência ou coação em sua liberdade de locomoção, por ilegalidade ou abuso de poder;"*

Por sua vez, dispõe o artigo 648, inciso..., do Código de Processo Penal, que: A coação considerar-se-á ilegal: (citar o inciso ou correspondente à tese desenvolvida). Ex. Abuso ou ato Ilegal de Autoridade, Nulidade de Ato, Falta de Justa Causa, etc.

(Espaço de 02 linhas)

III – Argumentação Doutrinária e Jurisprudencial

(Espaço de 02 linhas)

Nesse diapasão, o posicionamento da doutrina e jurisprudência pátrias é pacifico: (citar a doutrina e jurisprudência, se necessário).

(Espaço de 02 linhas)

IV – DO PEDIDO

(Espaço de 02 linhas)

Ante o exposto, estando presentes o *fumus boni iuris* e o *periculum in mora*, requer a Vossa Excelência seja concedida a medida liminar para cessar o constrangimento ilegal que o Paciente vem sofrendo, conforme artigos 647 e 648, inciso... do Código de Processo Penal, expedindo-se a ordem de *habeas corpus* em seu favor e, após as informações prestadas pela autoridade coatora, seja definitivamente concedida a ordem, determinando-se... (especificar o conteúdo da medida) e confirmando-se a liminar, a fim de que seja julgado procedente o *writ*, condenando a Impetrada nos termos do pedido, por ser medida de JUSTIÇA.

(Espaço de 02 linhas)

Termos em que, pede e espera deferimento, por ser da mais lídima JUSTIÇA.

(Espaço 02 linhas)

Local e Data

(Espaço 03 linhas)

Nome do Advogado

OAB/UF nº número da inscrição na OAB

Assinatura do Advogado

Vade-Mécum dos Remédios Jurídicos de
Defesa da Liberdade Individual de Locomoção

Documentação Acostada: arrolar os documentos (provas pré-constituídas) que acompanham a petição inicial do HC.

3. Orientações Para Elaboração dos Pedidos de Relaxamento de Prisão em Flagrante, Liberdade Provisória e Revogação de Prisão Preventiva e Temporária.

Obs.: Diferentemente do *Habeas Corpus*, que tem natureza de ação constitucional, os Pedidos em destaque não exigem grandes formalidades para sua elaboração. Entretanto, é recomendável que se observe a boa técnica jurídica redacional própria das petições judiciais.

3.1. Pedido de Relaxamento de Prisão em Flagrante – Requisitos

Nomenclatura

Peticionário, Requerente ou Suplicante: designa a pessoa em nome de quem se pede (investigado, indiciado ou acusado).

Endereçamento: sempre ao juiz competente.

Histórico: breve exposição fática do pedido.

Embasamento legal: artigo. 5º, inc. LXV, da CF/88 e art. 302 do CPP, ou qualquer outro fundamento legal que justifique a ilegalidade da prisão em flagrante.

Fundamentação jurídica subsidiária: exposição doutrinária e jurisprudencial.

Pedido: relaxamento da prisão em flagrante imposta ao Suplicante, expedindo-se o competente alvará de soltura em seu favor.

Ao final, insere-se local e data, o nome e assinatura do advogado com o número da inscrição na OAB.

3.2. Pedido de Liberdade Provisória – Requisitos

Nomenclatura

Peticionário, Requerente ou Suplicante: designa a pessoa em nome de quem se faz o pedido (investigado, indiciado, acusado ou réu).

Endereçamento: sempre ao juiz competente.

Histórico: breve exposição fática do pedido.

Embasamento Legal: depende do tipo de pedido formulado.

Se o pedido for de liberdade provisória compromissada (sem fiança): aplicam-se o artigo 5º, inc. LXVI, da CF/88 c/c o artigo 310, parágrafo único, e artigo 350, ambos do Código de Processo Penal.

Se o pedido for de liberdade provisória com fiança: emprega-se o art. 5º, inc. LXVI, da CF/88, c/c os artigos 323 e 324, ambos do CPP.

Fundamentação jurídica subsidiária: exposição doutrinária e jurisprudencial.

Pedido: concessão da liberdade provisória (compromissada) ao indiciado ou acusado, comprometendo-se este a comparecer aos demais atos e termos do processo; ou, conceder a liberdade provisória arbitrando-se fiança, que deverá ser fixada no mínimo legal, nos moldes do art. 326, do CPP.

Obs.: Em ambos os casos deve-se requerer a expedição do competente alvará de soltura em favor do Suplicante.

Ao final, insere-se local e data, o nome e assinatura do advogado com o número da inscrição na OAB.

3.3. Pedido de Revogação de Prisão Preventiva - Requisitos

Nomenclatura

Peticionário, Requerente ou Suplicante: designa a pessoa em nome de quem se requer (indiciado, acusado ou réu).

Endereçamento: sempre ao juiz competente.

Histórico: breve exposição fática do pedido.

Embasamento Legal: artigo 316 c/c os arts. 312 e 313 do CPP (ausência das exigências legais); ou art. 315 e art. 93, inc. IX, da CF/88, no caso de falta de fundamentação do decreto prisional.

Fundamentação jurídica subsidiária: exposição doutrinária e jurisprudencial.

Pedido: revogação da prisão preventiva imposta ao Requerente, expedindo-se o competente alvará de soltura em seu favor.

Ao final, insere-se local e data, o nome e assinatura do advogado com o número da inscrição na OAB.

3.4. Pedido de Revogação de Prisão Temporária – Requisitos

Nomenclatura

Peticionário, Requerente ou Suplicante: designa a pessoa em nome de quem se faz o requerimento (indiciado, acusado ou réu).

Endereçamento: sempre ao juiz competente.

Histórico: breve exposição fática do pedido.

Embasamento Legal: aplica-se o artigo 1º, da Lei nº 7.960/89; ou, o art. 93, inc. IX da CF/88, no caso de falta de fundamentação do decreto prisional.

Fundamentação jurídica subsidiária: exposição doutrinária e jurisprudencial.

Pedido: revogação da prisão temporária imposta ao Suplicante, expedindo-se o competente alvará de soltura em seu favor.

Ao final, insere-se local e data, o nome e assinatura do advogado com o número da inscrição na OAB.

4. Orientação Para Elaboração da Petição do MSC

Os requisitos básicos para impetração do MSC são encontrados na própria lei que disciplina este remédio jurídico (Lei nº 12.016, de 7 de agosto de 2009).

Nomenclatura

Impetrante: é a pessoa que sofre o constrangimento decorrente de prática ilegal ou abusiva não referente à liberdade ambulatorial; é o sujeito ativo, titular do direito líquido e certo, aquele que pede a ordem de MSC. Diferentemente do HC, exige-se a capacidade postulatória.

Impetrada: é a autoridade coatora, aquela que tenha praticado o ato impugnado ou da qual emane a ordem para a sua prática. É o Estado representado pela autoridade pública que, de regra, é o sujeito passivo. No caso, o ato ilegal ou abusivo pode partir de delegado de polícia, membro do ministério público, ou juiz de qualquer instância. Não se admite que seja impetrado contra particulares em geral, salvo quando estes exerçam atividades delegadas do Poder Público.

Endereçamento: sempre ao órgão julgador superior à autoridade coatora.

Histórico: exposição fática do ato arbitrário.

Embasamento legal: artigo 5°, inc. LXIX, da CF/88 e art. 1º da Lei nº 12.016/2009.

Vade-Mécum dos Remédios Jurídicos de
Defesa da Liberdade Individual de Locomoção

Fundamentação jurídica subsidiária: exposição doutrinária e jurisprudencial.

Pedido: concessão in *limine* e manutenção no mérito. Se for indeferido o pedido liminar, que seja deferido na apreciação de mérito.

Ao final, insere-se a data, o nome e assinatura do advogado com o número da inscrição na OAB.

Notas Explicativas

1. A petição inicial do MSC, que deverá preencher os requisitos estabelecidos pela lei processual, será apresentada em 2 (duas) vias com os documentos que instruírem a primeira reproduzidos na segunda e indicará, além da autoridade coatora, a pessoa jurídica que esta integra, à qual se acha vinculada ou da qual exerce atribuições (art. 6º, da Lei nº 12.016/2009).

2. O MSC é impetrado para garantir a observância a direito líquido e certo, isto é, aquele que pode ser comprovado, de pronto, pelos documentos que instruem a exordial, sendo inadmissível a dilação probatória, uma vez que esta ação exige prova documental e pré-constituída do ato ilegal ou abusivo que se pretende impugnar. Nada obsta, todavia, que após a apresentação da inicial, haja requisição de algum documento essencial ou a juntada pelo próprio impetrante.

3. Conforme preceitua o art. 20 da lei regente, os processos de mandado de segurança e os respectivos recursos terão prioridade sobre todos os atos judiciais, salvo habeas corpus.

4. O prazo decadencial para impetrar o MSC é de 120 (cento e vinte) dias, contados da ciência, pelo interessado, do ato abusivo ou ilegal, conforme dispõe o art. 23 da lei disciplinadora.

5. Tendo em vista que no MSC não se persegue vantagem econômica, entende-se que não há valor preciso a ser atribuído à causa, devendo ser estimado apenas para efeitos fiscais.

6. Segundo orientação do STF, o Mandado de Segurança será sempre processado e julgado como ação civil, ainda quando impetrado contra ato de juiz criminal, aplicando-se-lhe subsidiariamente, no que couber, as regras do CPC.

5. Fungibilidade dos Remédios Jurídicos

Segundo se extrai do Vocabulário Jurídico de Plácido e Silva, fungibilidade, na acepção jurídica do termo, significa a possibilidade de substituir-se uma coisa por outra (2012:648).

O princípio da fungibilidade, por seu turno, consiste na ideia segundo a qual a interposição de um recurso por outro não o prejudica, salvo ocorrência de erro grosseiro, má-fé ou impossibilidade jurídica.

Como se pode constatar, em decorrência da regularidade formal do processo, cada instrumento de defesa da liberdade individual de locomoção tem função e requisitos próprios segundo a espécie de prisão impugnada, devendo ser utilizado de forma correta e adequada.

Entretanto, não obstante a legislação adjetiva penal (art. 579 do CPP) e a doutrina processualista tradicional tratarem da fungibilidade apenas em relação à matéria recursal, não vislumbramos óbice algum que impeça a aplicação deste princípio aos remédios jurídicos ora estudados, haja vista tratar-se de garantias individuais que dispensam maior rigorismo formal, com ênfase aos princípios da instrumentalidade das formas, economia e celeridade processuais, assegurando-se a efetividade da tutela jurisdicional solicitada.

É óbvio que a regularidade formal, como regra, não pode ser desprezada a ponto de permitir o ajuizamento proposital de um instrumento jurídico completamente impertinente, existindo previsão legal expressa do adequado. Logo, havendo má-fé ou erro grosseiro na utilização do remédio jurídico destinado a proteger a liberdade ambulatorial, não se cogitará da aplicação do princípio da fungibilidade aos casos vertentes.

Não seria recomendável, por exemplo, substituir o HC pelo MSC, ou por qualquer dos Pedidos supracitados, e vice--versa, já que possuem especificidade e requisitos próprios. Ademais, enquanto o HC constitui uma verdadeira ação penal popular que pode ser impetrada por qualquer pessoa, o MSC e os Pedidos destacados **são instrumentos jurídicos** de utilização exclusiva do advogado.

Já em relação, especificamente, aos Pedidos de Relaxamento de Prisão em Flagrante e Revogação de Prisão Preventiva, a substituição de um pelo outro não traria maiores dificuldades de ordem processual.

Em qualquer das hipóteses, contudo, o reconhecimento ou não da fungibilidade será aferido pelo magistrado competente em juízo de prelibação, realizado no caso concreto, priorizando sempre que possível o exercício dos direitos individuais.

6. Modelos de Pedidos de Relaxamento de Prisão em Flagrante, Liberdade Provisória e Revogação de Prisão Preventiva e Temporária

Obs.: Lembramos que a redação empregada nos modelos aqui apresentados é meramente exemplificativa, haja vista que cada profissional do Direito tem a sua forma própria de redigir. Ainda assim, servem para orientar o profissional na busca da melhor maneira possível de elaboração da petição a ser utilizada.

6.1. Pedido de Relaxamento de Prisão em Flagrante: estado de flagrância não configurado.

EXCELENTÍSSIMO (A) SENHOR (A) JUIZ (A) DE DIREITO DA... VARA CRIMINAL DE... (especificar)

(Espaço de 10 linhas)

Nome completo do Requerente, nacionalidade, estado civil, profissão, **residente e domiciliado na...** (especificar endereço completo), por seu advogado que esta subscreve, vem, respeitosamente, perante Vossa Excelência, requerer o **RELAXAMENTO DE PRISÃO EM FLAGRANTE**, com fulcro no art. 5º, inc. LXV, da CF, pelas seguintes razões expostas:

(Espaço de 02 linhas)

Dos Fatos (Breve exposição fática)

(Espaço de 02 linhas)

O Suplicante foi preso em dia, mês e ano pela Autoridade Policial do... (especificar), por entender esta que o acusado estava em estado de flagrância por um delito de roubo praticado nesta cidade.

Acontece que o citado crime patrimonial pelo qual o Suplicante foi detido teria ocorrido em dia, mês e ano, por volta das horas (especificar).

Entretanto, o Acusado, em verdade, foi preso somente no dia, mês e ano, por volta das... (especificar as horas), ou seja, mais de 48 horas depois dos fatos mencionados.

Assim, embora tenha sido o Suplicante surpreendido no interior do veículo roubado, não se pode afirmar que ele estava em estado de flagrância, tendo em vista que se passaram mais de 48 horas da prática do delito sem que nenhuma perseguição tenha sido empreendida, como determina a lei.

(Espaço de 02 linhas)

Do Direito (Fundamentação jurídica)

(Espaço de 02 linhas)

Estatui o artigo 5º, *caput*, da CF/88 que *"todos são iguais perante a lei, sem distinção de qualquer natureza, garantindo-se aos brasileiros e aos estrangeiros residentes no País a inviolabilidade do direito à vida, à liberdade, à igualdade, à segurança e à propriedade, nos termos seguintes:* (...) LXV - *a prisão ilegal será imediatamente relaxada pela autoridade* judiciária;"

O Código de Processo Penal, por sua vez, em seu artigo 302, dispõe que *"considera-se em flagrante delito quem: I - está cometendo a infração penal; II - acaba de cometê-la; III - é perseguido, logo após, pela autoridade, pelo ofendido ou por qualquer pessoa, em situação que faça presumir ser autor da infração; IV - é encontrado, logo depois, com instrumentos, armas, objetos ou papéis que façam presumir ser ele o autor da infração penal".*

Sendo assim, mesmo estando o Acusado no interior do veículo roubado, não se pode sufragar o entendimento de estado de flagrância, ainda que presumido, considerando que o lapso temporal de 48 horas não se coaduna, tomando-se por base a razoabilidade, a medida de tempo descrita pela expressão *"logo depois"* contida no art. 302, inc. IV, do CPP.

Nesse sentido, (citar doutrina e jurisprudência, se necessário).

(Espaço de 02 linhas)

Do Pedido

(Espaço de 02 linhas)

Ante o exposto, requer seja deferido o presente pedido de relaxamento da prisão em flagrante imposta ao Suplicante, ora acusado, expedindo-se o competente alvará de soltura em seu favor, como medida de JUSTIÇA.

(Espaço de 02 linhas)

Nestes termos,

(Espaço de 02 linhas)

Pede deferimento.

(Espaço de 02 linhas)

Local e data.

(03 linhas)

Nome do Advogado

OAB/UF nº número da inscrição na OAB

Assinatura do Advogado

6.2. Pedido de Relaxamento de Prisão em Flagrante: por ser ilegal ante a apresentação espontânea do acusado.

EXCELENTÍSSIMO (A) SENHOR (A) JUIZ (A) DE DIREITO DA... VARA CRIMINAL DE... (especificar)

(Espaço de 10 linhas)

Nome completo do Requerente, nacionalidade, estado civil, profissão, **residente e domiciliado na...** endereço completo, por seu advogado que esta subscreve, vem, respeitosamente, perante Vossa Excelência, requerer o **RELAXAMENTO DE PRISÃO EM FLAGRANTE**, com fulcro no art. 5°, inc. LXV, da CF/88, pelas seguintes razões expostas:

(Espaço de 02 linhas)

Dos Fatos (Breve exposição fática)

(Espaço de 02 linhas)

O Suplicante foi preso em flagrante delito em dia, mês e ano (especificar), por ter a autoridade policial entendido que o mesmo incorrera nas penas do artigo... do Código Penal.

(Espaço de 02 linhas)

Do Direito (Fundamentação jurídica)

(Espaço de 02 linhas)

Acontece que os requisitos indispensáveis para a prisão em flagrante não foram observados no caso em tela, motivo pelo qual se justifica o presente.

Segundo se depreende do auto de prisão, o Requerente foi convidado a se apresentar na Delegacia de Polícia especializada, para prestar esclarecimento sobre suposto crime praticado em dia, mês e ano (especificar), em que figura como suspeito.

Assim, tendo o Requerente comparecido espontaneamente perante a autoridade policial para comunicar o ocorrido, não demonstrando qualquer intenção de fuga, não poderia ser preso em flagrante.

A propósito, prevê o artigo 302 do Código de Processo Penal que:

> Considera-se em flagrante delito quem:
>
> I - está cometendo a infração penal;
>
> II - acaba de cometê-la;
>
> III - é perseguido, logo após, pela autoridade, pelo ofendido ou por qualquer pessoa, em situação que faça presumir ser autor da infração;

IV - é encontrado, logo depois, com instrumentos, armas, objetos ou papéis que façam presumir ser ele autor da infração.

Dessa forma, resta claro que nenhuma das hipóteses acima elencadas ocorrereu na espécie, razão pela qual o flagrante é ilegal.

Por essa razão, o relaxamento da prisão é medida que se impõe, tendo em vista que a permanência do Suplicante em cárcere gera constrangimento ilegal.

Nesse sentido, (citar jurisprudência e doutrina, se necessário).

(Espaço de 02 linhas)

Do Pedido

(Espaço de 02 linhas)

Diante do exposto, requer seja deferido o presente pedido de relaxamento de prisão em flagrante imposta ao Requerente, expedindo-se o competente alvará de soltura em seu favor, por ser esta medida de JUSTIÇA.

(Espaço de 02 linhas)

Nestes termos,

(Espaço de 02 linhas)

Pede deferimento.

(Espaço de 02 linhas)

Local, dia, mês e ano.

(Espaço de 03 linhas)

Nome do Advogado

OAB/UF nº número da inscrição na OAB

Assinatura do Advogado

6.3. Pedido de Liberdade Provisória Compromissada (sem fiança), por falta de justa causa para prisão cautelar.

EXCELENTÍSSIMO (A) SENHOR (A) JUIZ (A) DE DIREITO DA... VARA CRIMINAL DE... (especificar)

(Espaço de 10 linhas)

Processo nº...

Nome do Requerente, já qualificado nos autos do processo em epígrafe, em tramitação por este Juízo, por seu advogado infra-assinado, vem, mui respeitosamente, perante Vossa Excelência, requerer a concessão de **LIBERDADE PROVISÓRIA COMPROMISSADA**, com fulcro no artigo 310, parágrafo único, c/c. artigo 350, ambos do Código de Processo Penal, e, também, no artigo 5º, inc. LXVI, da CF/88, pelas seguintes razões e fundamentos:

(Espaço de 02 linhas)

Dos Fatos (Breve exposição fática do pedido)

(Espaço de 02 linhas)

No dia, mês e ano... (especificar), o Suplicante foi preso em flagrante, tendo sido denunciado pela prática do crime previsto no artigo..., do Código Penal e, até o momento, encontra-se preso e recolhido no estabelecimento prisional... (especificar).

Contudo, mesmo tendo sido preso em flagrante, não há motivo justo que dê fundamento à prisão cautelar do Requerente por mais tempo.

(Espaço de 02 linhas)

Do Direito (Fundamentação jurídica)

(Espaço de 02 linhas)

A Constituição Federal estabelece como regra a liberdade, sendo a prisão cautelar uma simples exceção a esta regra.

Com efeito, dispõe o artigo 5º, inc. LXVI, da CRFB/88, que *"ninguém será levado à prisão ou nela mantido, quando a lei admitir a liberdade provisória, com ou sem fiança;"*

Prevê, também, o artigo 310, parágrafo único, do Código de Processo Penal, que *"Se o juiz verificar, pelo auto de prisão em flagrante, que o agente praticou o fato nas condições constantes dos incisos I a III do caput do art. 23 do Decreto-Lei nº 2.848, de 7 de dezembro de 1940 - Código Penal, poderá, fundamentadamente, conceder ao acusado liberdade provisória, mediante termo de comparecimento a todos os atos processuais, sob pena de revogação."*

A prisão cautelar, como visto, reveste-se de caráter excepcional, pois somente deve ser decretada quando ficarem demonstrados o *fumus bonis juris* e o *periculum in mora*, o que não ocorreu no caso vertente.

O Postulante é primário e portador de bons antecedentes, conforme comprovam os documentos de fls..., logo não há risco à ordem pública caso seja posto em liberdade.

Da mesma forma, não há indícios de que o Requerente em liberdade ponha em risco a instrução criminal, a ordem pública e, tampouco, traga risco à ordem econômica.

Vade-Mécum dos Remédios Jurídicos de
Defesa da Liberdade Individual de Locomoção

Na verdade, a sua conduta delitiva resultou simplesmente de uma situação fática isolada, devido a...(justificar detalhadamente)

Resta, pois, patente, conforme já afirmado, que o Suplicante não intenciona prejudicar a busca da verdade real, mas sim colaborar com o que for preciso para instrução processual.

Dessa forma, a segregação cautelar ante os fundamentos ora expendidos não deve prosperar, haja vista que o Requerente tem endereço fixo e conhecido, emprego certo, podendo ser localizado a qualquer tempo, sempre que preciso, comprometendo-se a comparecer aos demais atos e termos do processo.

Nesse sentido,... (citar doutrina e jurisprudência, se necessário).

(Espaço de 02 linhas)

Do Pedido

(Espaço de 02 linhas)

Ante o exposto, requer que seja concedido ao Suplicante a liberdade provisória compromissada, na forma dos artigos 310, parágrafo único, e 350, ambos do Código de Processo Penal, expedindo-se o competente alvará de soltura, para que possa responder ao processo em liberdade.

(Espaço de 02 linhas)

Nestes termos,

(Espaço 02 linhas)

Pede deferimento.

(Espaço 02 linhas)

Local e Data

(Espaço 03 linhas)

Nome do Advogado

OAB/UF nº número da inscrição na OAB

Assinatura do Advogado

6.4. Pedido de Liberdade Provisória com Fiança

EXCELENTÍSSIMO (A) SENHOR (A) JUIZ (A) DE DIREITO DA... VARA CRIMINAL DE... (especificar)

Processo nº...

(Espaço de 10 linhas)

Nome completo do réu, **já qualificado nos autos em epígrafe, por seu** advogado signatário, vem, respeitosamente, perante Vossa Excelência, requerer concessão de **LIBERDADE PROVISÓRIA COM FIANÇA**, com fulcro no art. 5º, inc. LXVI, da CF/88, c/c. os artigos 323 e 324, ambos do CPP, pelas seguintes razões de fato e de direito expostas:

(Espaço de 02 linhas)

Dos Fatos (Breve exposição fática do pedido)

(Espaço de 02 linhas)

Em dia, mês e ano, o Requerente foi preso em flagrante, tendo sido denunciado pela prática do crime previsto no artigo..., do Código Penal e, até o momento, encontra-se preso e recolhido no estabelecimento prisional (especificar).

Vade-Mécum dos Remédios Jurídicos de
Defesa da Liberdade Individual de Locomoção

(Espaço de 02 linhas)

Do Direito (Fundamentação jurídica)

(Espaço de 02 linhas)

É imperioso esclarecer que o Suplicante faz jus ao benefício da liberdade provisória com fiança, já que não se enquadra nas situações dos artigos 323 e 324, ambos do CPP, que excluem a possibilidade de sua concessão.

O Requerente é primário e portador de bons antecedentes, tem residência e emprego fixos, conforme comprovam os documentos de fls. ...

Por conseguinte, não se enquadrando nas situações dos artigos acima mencionados, ausentes estão os requisitos que autorizam a decretação da prisão preventiva, razões pelas quais o Suplicante faz jus ao benefício da liberdade provisória com o recolhimento da fiança, pelos motivos supramencionados.

Nesse sentido, (colacionar doutrina e jurisprudência, se necessário),

(Espaço de 02 linhas)

Do Pedido

(Espaço de 02 linhas)

Diante do exposto, requer a Vossa Excelência a concessão de liberdade provisória, arbitrando-se fiança, que deverá ser fixada no mínimo legal, nos termos do art. 326, do CPP, expedindo-se o competente alvará de soltura em favor do Acusado, como medida de JUSTIÇA.

(Espaço de 02 linhas)

Nestes termos,

(Espaço de 02 linhas)

Pede deferimento.

(Espaço de 02 linhas)

Local, dia, mês e ano.

(03 linhas)

Nome do Advogado

OAB/UF nº número da inscrição na OAB

Assinatura do Advogado

6.5. Pedido de Revogação de Prisão Preventiva – falta de fundamentação no decreto prisional.

EXCELENTÍSSIMO (A) SENHOR (A) JUIZ (A) DE DIREITO DA... VARA CRIMINAL DE... (especificar)

(Espaço de 10 linhas)

Nome completo do Peticionário, já qualificado nos autos sob nº..., que tramitam neste r. juízo, vem, respeitosamente, perante Vossa Excelência, por seu advogado infra-assinado (mandato anexo), com fulcro nos artigos 316 e seguintes do Código de Processo Penal, requerer **REVOGAÇÃO DA PRISÃO PREVENTIVA** decretada pelo MM. Juiz de Direito, por representação do Delegado de Polícia, pelos motivos que a seguir passa a expor.

(Espaço de 02 linhas)

Vade-Mécum dos Remédios Jurídicos de
Defesa da Liberdade Individual de Locomoção

Dos Fatos (Breve exposição fática do pedido)

(Espaço de 02 linhas)

O Suplicante foi indiciado nos autos do inquérito policial nº... como incurso nas penas do artigo... (especificar)... do Código Penal.

No referido inquérito, a autoridade policial representou pela decretação da prisão preventiva do indiciado, embasando a sua representação no seu grau de periculosidade e garantia da ordem pública.

Ressalte-se, porém, que o indiciado, ora Suplicante, não apresenta esse grau de periculosidade afirmado, porquanto é primário, e não ostenta antecedentes criminais (docs. anexos). Demais, é pessoa idônea, com residência e emprego fixos.

(Espaço de 02 linhas)

Do Direito (Fundamentação jurídica)

(Espaço de 02 linhas)

O Suplicante não está enquadrado nos motivos previstos no artigo 312 do Código de Processo Penal, que tem a seguinte redação: *"A prisão preventiva poderá ser decretada como garantia da ordem pública, da ordem econômica, por conveniência da instrução criminal, ou para assegurar a aplicação da lei penal, quando houver prova da existência do crime e indício suficiente de autoria."*

Vale lembrar, que essa prisão cautelar somente poderá justificar-se, exclusivamente, com os fundamentos elencados por tal dispositivo. Logo, outros motivos, por si só, não lhe podem dar embasamento, mesmo que pareçam relevantes, como os maus antecedentes, a ociosidade, a gravidade do crime, etc.

Além do mais, como se não bastasse, o decreto prisional não contém qualquer fundamentação, contrariando inteiramente o disposto no artigo 315 do Código de Processo Penal, que determina: "A decisão que decretar, substituir ou denegar a prisão preventiva será sempre motivada".

A decisão contraria também a disposição constitucional prevista no artigo 93, inc. IX, da CF/88, que impõe serem todas as decisões judiciais expressamente fundamentadas, sob pena de nulidade,

De conseguinte, a falta de fundamentação no decreto enseja, de pronto, a revogação da prisão preventiva decretada.

Nesse sentido, (citar doutrina e jurisprudência, se necessário).

Destarte, respaldado nos motivos expendidos e assegurados pela lei, doutrina e jurisprudência, ingressou o Peticionário com o presente Pedido de Revogação da prisão imposta, a fim de que lhe seja assegurado o direito constitucional de liberdade.

(Espaço de 02 linhas)

Do Pedido

(Espaço de 02 linhas)

Ante o exposto, requer se digne Vossa Excelência em revogar a prisão preventiva, com a consequente expedição do alvará de soltura em favor do Suplicante, por ser medida de JUSTIÇA.

(Espaço de 02 linhas)

Nestes termos,

(Espaço de 02 linhas)

Pede deferimento.

(Espaço de 02 linhas)

Local, dia, mês e ano.

(Espaço de 03 linhas)

Nome do Advogado

OAB/UF nº número da inscrição na OAB

Assinatura do Advogado

6.6. Pedido de Revogação de Prisão Preventiva – Não descumprimento de medida judicial.

EXCELENTÍSSIMO (A) SENHOR (A) JUIZ (A) DE DIREITO DA... VARA CRIMINAL DE... (especificar)

Autos do Processo nº...

(Espaço de 10 linhas)

Nome do Requerente, já qualificado nos autos do processo-crime em destaque, vem respeitosamente perante Vossa Excelência, por intermédio de seu advogado que esta subscreve, estribado no artigo 316, do Código de Processo Penal, requerer a **REVOGAÇÃO DA PRISÃO PREVENTIVA**, pelos seguintes fatos e fundamentos jurídicos a seguir expostos:

(Espaço de 02 linhas)

Dos Fatos (Breve exposição fática do pedido)

(Espaço de 02 linhas)

A prisão preventiva do Suplicante foi decretada sob o fundamento de que este teria descumprido ordem judicial, consistente em medida protetiva de urgência prevista na Lei nº 11.340/06. (Lei Maria da Penha)

No entanto, data vênia, isso não é verdade, pois o Suplicante jamais se aproximou da vítima, nem de sua residência, conforme fora determinado pela medida de urgência imposta.

Na realidade, como a medida protetiva não especificou exatamente a distância que o Requerente deveria manter da suposta vítima, o fato de ter transitado nas proximidades da residência da mesma não significa que tenha havido desobediência à ordem judicial, uma vez que...(justificar detalhadamente).

(Espaço de 02 linhas)

Do Direito (Fundamentação jurídica)

(Espaço de 02 linhas)

A prisão preventiva, como é cediço, constitui medida cautelar extrema e excepcional que implica restrição da liberdade ambulatória. Logo, faz-se necessária, para sua decretação, em respeito ao princípio da presunção de inocência, a demonstração de suas três exigências básicas: I) os requisitos legais; II) os pressupostos; e III) os fundamentos.

Dessa forma, para que seja decretada ou mantida a medida cautelar extrema, a teor do art. 312 do CPP, torna-se imprescindível, além da prova da existência do crime e indícios suficientes da autoria, a presença de ao menos um de seus fundamentos, quais sejam: a garantia da ordem pública, da ordem econômica, conveniência da instrução criminal ou, ainda, o resguardo da aplicação da lei penal.

No caso vertente, no entanto, nenhum desses fundamentos encontra-se presente, senão vejamos.

Vade-Mécum dos Remédios Jurídicos de
Defesa da Liberdade Individual de Locomoção

Em verdade, o Suplicante possui residência e emprego fixos, conforme comprovam os documentos anexados aos autos. Além disso, não há notícia de que possua maus antecedentes, nem qualquer indicação de que pretenda fugir do distrito da culpa, caso seja posto em liberdade.

Também não há necessidade de manter-se o Suplicante preso por conveniência da instrução criminal, pois não existem elementos que demonstrem suposta dificuldade para a produção de provas.

Ressalte-se, outrossim, que a ordem pública não restou abalada pela conduta do Indiciado, ora Suplicante, visto que não há indícios de que, uma vez solto, praticará crimes.

Desse modo, verifica-se que a conduta do Suplicante não afrontou a ordem judicial que lhe fora imposta, fato que torna completamente desnecessária a manutenção de sua prisão.

Portanto, restando ausentes os requisitos autorizadores da prisão preventiva previstos no art. 312 do CPP, a revogação da prisão preventiva é medida que se impõe, nos termos do art. 316 do CPP.

Nesse sentido, (citar doutrina e jurisprudência, se necessário).

(Espaço de 02 linhas)

Do Pedido

(Espaço de 02 linhas)

Diante do exposto, requer seja revogada a prisão preventiva, por ausência das exigências legais previstas no art. 312 do CPP, com a expedição do competente alvará de soltura.

(Espaço de 02 linhas)

Nesses termos, pede deferimento.

(Espaço de 02 linhas)

Local, dia, mês e ano.

(Espaço de 03 linhas)

Nome do Advogado

OAB/UF nº número da inscrição na OAB

Assinatura do Advogado

6.7. Pedido de Revogação de Prisão Temporária – inexistência de fundamento que justifique a medida cautelar

EXCELENTÍSSIMO (A) SENHOR (A) JUIZ (A) DE DIREITO DA... VARA CRIMINAL DE... (especificar)

Inquérito policial nº...

(Espaço de 10 linhas)

Nome do Réu, nacionalidade, estado civil, profissão, portador do RG nº..., inscrito no CPF sob o nº..., residente e domiciliado na... endereço completo, por meio de seu advogado que esta subscreve, vem, respeitosamente, perante Vossa Excelência, estribado no artigo 1º, da Lei nº 7.960/89, nos autos do inquérito policial que investiga o crime de... (especificar), praticado contra (nome da vítima), requerer a **REVOGAÇÃO DA PRISÃO TEMPORÁRIA**, pelos seguintes fatos e fundamentos:

(Espaço de 02 linhas)

Vade-Mécum dos Remédios Jurídicos de
Defesa da Liberdade Individual de Locomoção

Dos Fatos (Breve exposição fática do pedido)

(Espaço de 02 linhas)

O Peticionário foi preso em dia, mês e ano (especificar), mediante apresentação de mandado de prisão temporária expedido pelo MM. Juiz de Direito que, aceitando a solicitação do Ministério Público, decretou a prisão do Acusado, sob a justificativa de ter ele cometido crime de extrema gravidade, colocando em risco a segurança pública.

(Espaço de 02 linhas)

Do Direito (Fundamentação jurídica)

(Espaço de 02 linhas)

A princípio, a prisão foi decretada por cinco dias, podendo ser prorrogada pelo mesmo período, conforme disposição do artigo 2º, da Lei nº 7.960/89.

Entretanto, não existe fundamento jurídico suficiente que justifique o recolhimento cautelar do Indiciado. Ademais, a prisão temporária constitui medida de exceção, que somente poderá ser aplicada em casos extremos, tendo em vista a garantia constitucional da presunção de inocência que reina no ordenamento jurídico pátrio.

De outra banda, em nenhum momento o Peticionário foi apontado pela Vítima como sendo o autor do fato delituoso investigado, sendo que a descrição do suposto agente infrator narrada pela vítima diverge completamente das características físicas apresentadas pelo Indiciado (comparar o retrato falado e a foto do Indiciado - fls. nº).

Note-se, ainda, que o Indiciado é primário e não há contra ele nenhum registro de antecedente criminal. O Indiciado apresenta endereço fixo, onde reside há mais de (nº) anos, e trabalha na empresa (Nome), também há muito tempo (docs. nº...).

Joaquim de Campos Martins

Portanto, não há justificativa plausível para a manutenção da prisão temporária, mormente se considerarmos que foi respaldada em uma denúncia anônima, o que é temerário e mesmo inadmissível num regime de Estado Democrático de Direito, como o nosso.

Além do mais, o Suplicante mostra-se inteiramente disposto a colaborar com a Justiça naquilo que for preciso para apuração do delito, não temendo a verdade dos fatos.

Vê-se, pois, que a manutenção do Indiciado na prisão configura constrangimento ilegal.

(Espaço de 02 linhas)

Do Pedido

(Espaço de 02 linhas)

Diante o exposto, requer a Vossa Excelência a revogação da prisão temporária decretada, por não haver motivo justificado para a segregação provisória do Indiciado, expedindo-se o competente alvará de soltura.

(Espaço de 02 linhas)

Nesses termos, pede deferimento.

(Espaço de 02 linhas)

Local, dia, mês e ano.

(Espaço de 03 linhas)

Nome do Advogado

OAB/UF nº número da inscrição na OAB

Vade-Mécum dos Remédios Jurídicos de
Defesa da Liberdade Individual de Locomoção

Assinatura do Advogado

7. Modelo Padrão de Petição de Mandado de Segurança Criminal que pode ser adaptado para outros casos de acordo com a tese desenvolvida.

Obs.: Se o impetrante for o próprio advogado, em defesa de prerrogativa profissional, poderá fazê-lo em causa própria.

EXCELENTÍSSIMO (A) SENHOR (A) JUIZ (A), DESEMBARGADOR (A) ou MINISTRO (A)... (especificar) (**Obs.**: sempre ao órgão julgador superior à autoridade coatora).

(Espaço de 10 linhas)

Nome completo do Impetrante, nacionalidade, estado civil, profissão, residente e domiciliado na... (especificar endereço completo), por seu advogado que esta subscreve, instrumento procuratório incluso (doc. 01), vem, respeitosamente, à presença de Vossa Excelência, com fulcro no artigo 5º, inciso LXIX, da Constituição Federal e artigo 1º da Lei 12.016/09, impetrar

MANDADO DE SEGURANÇA CRIMINAL COM pedido de LIMINAR, contra ato ilegal do (a) Ilustríssimo (a) ou Excelentíssimo (a) Senhor (a) ... (especificar a autoridade coatora), pelas razões de fato e de direito que passa a expor:

(Espaço de 02 linhas)

I – DOS FATOS (Exposição fática do ato arbitrário)

(Espaço de 02 linhas)

O impetrante... (fazer a narração dos fatos com objetividade, demonstrando o direito líquido e certo).

(Espaço de 02 linhas)

II – FUNDAMENTAÇÃO JURÍDICA (descrever os preceitos jurídicos violados pelo ato coator correspondentes à tese desenvolvida).

(Espaço de 02 linhas)

Com efeito,...(declinar o ato ilegal ou abusivo) **configura uma verdadeira violação ao direito líquido e certo do Impetrante, uma vez que...** (argumentar de acordo com o problema).

Determina o artigo 5º, inc. LXIX, da CF/88 que: *"conceder-se-á mandado de segurança para proteger direito líquido e certo, não amparado por habeas-corpus ou habeas-data, quando o responsável pela ilegalidade ou abuso de poder for autoridade pública ou agente de pessoa jurídica no exercício de atribuições do Poder Público;"*

A Lei nº 12.016/2009, por sua vez, reza em seu artigo 1º que: *"conceder-se-á mandado de segurança para proteger direito líquido e certo, não amparado por habeas corpus ou habeas data, sempre que, ilegalmente ou com abuso de poder, qualquer pessoa física ou jurídica sofrer violação ou houver justo receio de sofrê-la por parte de autoridade, seja de que categoria for e sejam quais forem às funções que exerça.".*

(Espaço de 02 linhas)

III – Argumentação Doutrinária e Jurisprudencial

(Espaço de 02 linhas)

Nesse diapasão, o posicionamento da doutrina e jurisprudência pátrias é pacifico: (citar a doutrina e jurisprudência, se necessário).

(Espaço de 02 linhas)

Vade-Mécum dos Remédios Jurídicos de
Defesa da Liberdade Individual de Locomoção

IV – DO PEDIDO

(Espaço de 02 linhas)

Ante o exposto, estando presentes o *fumus boni iuris* e o *periculum in mora*, o Impetrante requer a Vossa Excelência, em caráter liminar, seja concedida a medida, antes mesmo de ouvida a autoridade coatora, expedindo-se a ordem impetrada em seu favor. Após, prestadas as informações necessárias pela autoridade coatora e, ouvido o representante do Ministério Público, requer a concessão definitiva da ordem, determinando-se... (especificar o conteúdo da ordem) e confirmando-se a medida liminar concedida, a fim de que seja julgada procedente a presente ação, condenando a Impetrada ao pagamento das custas processuais, por ser medida de JUSTIÇA.

(Espaço de 02 linhas)

Valor da causa R$ 000,00 (...).

(Espaço de 02 linhas)

Termos em que, pede e espera deferimento.

(Espaço 02 linhas)

Local e Data

(Espaço 03 linhas)

Nome do Advogado

OAB/UF nº número da inscrição na OAB

Assinatura do Advogado

Documentação Acostada: arrolar os documentos (provas pré-constituídas) que acompanham a petição inicial do MSC.

Capítulo VII -
Questionário Rememorativo

O que é mais grave, soltar um culpado ou prender um inocente?

1. Perguntas Subjetivas

Responda:

1ª) Em que consiste o direito à liberdade de locomoção previsto no artigo 5º, inc. XV, da CRFB/88?

2ª) Qual o significado e importância do princípio da presunção de inocência?

3ª) O que é prisão?

4ª) Quais as formas de prisão existentes no ordenamento jurídico brasileiro?

5ª) Quais os tipos de prisão conhecidos no sistema processual penal brasileiro?

6ª) O que é prisão-pena?

7ª) O que significa prisão sem pena?

8ª) Quais são as espécies de prisão processual (cautelar) existentes?

9ª) O que é prisão em flagrante?

10ª) Quem é considerado em situação de flagrante delito?

11ª) A quem cabe efetuar a prisão em flagrante?

12ª) O que é Auto de Prisão em Flagrante (APF)?

13ª) Quais os requisitos formais do Auto de Prisão em Flagrante (APF)?

14ª) O que deve fazer o juiz ao receber o auto de prisão em flagrante?

15ª) Em regra, qualquer pessoa pode ser presa em flagrante. Há, porém, algumas exceções. Quais são elas?

16ª) Quais as exigências básicas para que seja decretada validamente a prisão preventiva?

17ª) O que é prisão domiciliar e quais os seus requisitos?

18ª) Em que consiste a prisão temporária e em quais hipóteses é admitida?

19ª) A quem cabe decretar a prisão temporária e qual o seu prazo de duração?

20ª) Quais os requisitos formais do mandado de prisão?

21ª) Qual a consequência jurídica ante a ausência de qualquer dos requisitos formais do mandado de prisão?

22ª) Quais as regras básicas para cumprimento do mandado de prisão?

23ª) Fale, em poucas palavras, sobre a força física para realização da prisão, inclusive, da necessidade ou não do uso de algemas e da arma Taser.

24ª) Em que consiste a prisão especial?

25ª) Quem tem direito à prisão especial?

26ª) O Bacharel em Direito, não inscrito nos Quadros da OAB, faz jus à prisão especial da mesma forma que o Advogado?

27ª) O artigo 295 do CPP admite interpretação ampliativa?

28ª) Qual o prazo de duração da prisão especial?

Vade-Mécum dos Remédios Jurídicos de
Defesa da Liberdade Individual de Locomoção

29ª) Qual a medida jurídica a ser tomada caso seja violado o direito à prisão especial?

30ª) Quais são as principais medidas cautelares diversas da prisão previstas pelo CPP?

31ª) Quais os requisitos necessários para a aplicação das medidas cautelares distintas da prisão?

32ª) Qual o remédio jurídico cabível contra a aplicação indevida de qualquer das medidas cautelares diversas da prisão? Especifique.

33ª) Em que consiste a liberdade provisória e quando deve ser concedida?

34ª) Na hipótese de prisão em flagrante, quais os crimes que não admitem a liberdade provisória?

35ª) Qual a medida cabível contra a decisão que não concede a liberdade provisória com ou sem fiança?

36ª) O que é fiança e qual a sua finalidade?

37ª) Qual a autoridade competente para conceder a fiança?

38ª) Quais os casos em que não se permite a fiança?

39ª) Quais os critérios para arbitramento e escolha do valor da fiança?

40ª) Quais as exigências legais para concessão da fiança?

41ª) Em que consiste o objeto da fiança?

42ª) Em caso de flagrante, qual a autoridade competente para conceder a fiança?

43ª) Para que seja concedida a fiança há necessidade de oitiva do Ministério Público? Justifique.

44ª) No processo penal, até quando poderá ser prestada a fiança?

45ª) Explique as hipóteses de restituição e cassação da fiança.

46ª) Quando será exigido o reforço da fiança? Explique.

47ª) Em que hipóteses julgar-se- á quebrada a fiança e quais as consequências legais pelo seu quebramento injustificado?

48ª) Comente cada um dos princípios fundamentais do processo penal mencionados neste trabalho.

49ª) Quais consequências jurídicas poderão ocorrer pela violação desses princípios?

50ª) Quais remédios jurídicos poderão ser utilizados para a defesa da liberdade de locomoção?

51ª) Qual o mais importante entre eles? Justifique.

52ª) O que é *habeas corpus*?

53ª) Qual a origem e natureza jurídica do HC?

54ª) Em que hipóteses legais terá cabimento o HC?

55ª) Cabe *habeas corpus* contra ato de particular? Justifique

56ª) Quem é parte legítima para impetrar *habeas corpus*?

57ª) A autoridade judiciária pode expedir de ofício ordem de *habeas corpus*? Em que hipótese?

58ª) Qual a regra básica de identificação da competência para julgamento do HC?

59ª) Como se classifica o *habeas corpus*?

60ª) Qual o recurso cabível contra a decisão que denega ordem de HC?

61ª) O pedido de *habeas corpus* pode ser reiterado? Justifique.

62ª) Em que consiste o pedido de relaxamento de prisão?

63ª) Em que prazo pode ser feito esse pedido de relaxamento de prisão?

Vade-Mécum dos Remédios Jurídicos de
Defesa da Liberdade Individual de Locomoção

64ª) Qual a medida cabível da decisão que denega o pedido de relaxamento de prisão?

65ª) Em que consiste o pedido de liberdade provisória?

66ª) Qual a diferença entre os pedidos de relaxamento de prisão e liberdade provisória?

67ª) Quando se torna cabível o pedido de revogação da prisão preventiva ou temporária?

68ª) Qual a medida cabível da decisão que denega os pedidos de revogação de prisão preventiva e temporária?

69ª) É possível aplicar o princípio da fungibilidade aos remédios jurídicos aqui estudados? Justifique.

70ª) É cabível a impetração de mandado de segurança na esfera criminal? Dê a sua opinião a respeito.

2. Questões Práticas

Resolva as questões hipotéticas abaixo formuladas:

1ª) Por volta das 23 horas, do dia 21.04.2013, **A** encontrava-se no interior de sua residência, quando ouviu um barulho vindo do quintal. Munido de um revólver, calibre 38, abriu a janela de sua casa e percebeu que uma pessoa, que não pôde identificar devido à escuridão, caminhava dentro do terreno de sua propriedade. Acreditando tratar-se de um assaltante, disparou dois tiros que acabaram atingindo a vítima em região letal, causando-lhe a morte. Ao aproximar-se do corpo estendido no chão de sua residência, **A** notou que havia matado um adolescente que lá havia adentrado por motivos desconhecidos. Imediatamente, dirigiu-se à Delegacia de Polícia mais próxima, onde comunicou o ocorrido ao Delegado plantonista, o

Joaquim de Campos Martins

qual, após ouvir o relato dos fatos, prendeu **A** em flagrante pelo crime de homicídio.

Na qualidade de advogado de **A**, elabore o remédio jurídico cabível, buscando a libertação do mesmo.

Obs.: Imaginando-se que o juiz denegou o pedido formulado, em continuidade elabore a competente medida necessária.

2ª) **B**, indiciado por tráfico de drogas, apontou, em seu interrogatório policial, realizado em 20.05.2013, **C**, sua ex-namorada, brasileira, solteira, comerciária, também residente nesta cidade, como a pessoa que lhe fornecia entorpecentes. No dia seguinte, cientes das informações prestadas por **B**, agentes da polícia dirigiram-se ao local mencionado e prenderam **C** por suposta prática do crime de tráfico de drogas, sendo que, nessa ocasião, não foi encontrado com a mesma qualquer objeto ou substância que a envolvesse ao tráfico. Mesmo assim, a autoridade policial entendeu que, na hipótese, havia flagrante impróprio (quase-flagrante), já que se tratava de crime permanente. Interrogada pela autoridade competente, **C** disse que nunca teve qualquer envolvimento com entorpecentes e muito menos passagem pela polícia. Afirmou, ainda, que sempre trabalhou, exibiu a sua carteira de trabalho e declarou possuir residência fixa. Mesmo assim, o Delegado de Polícia optou por lavrar o auto de prisão em flagrante contra **C**, entregando-lhe a nota de culpa e fazendo as demais comunicações de praxe.

Considerando que **C** encontra-se encarcerada em decorrência de prisão em flagrante, como advogado, redija a medida jurídica pertinente objetivando colocá-la em liberdade.

3ª) D, na data de ontem, foi preso em flagrante por agentes policiais da 22ª DP desta Capital, na posse de um automóvel marca Fiat Uno, que havia acabado de furtar. O veículo,

Vade-Mécum dos Remédios Jurídicos de
Defesa da Liberdade Individual de Locomoção

quando da subtração, encontrava-se normalmente no estacionamento público em frente ao Conjunto Nacional de Brasília-DF. O Delegado de Polícia que presidiu o Auto de Prisão em Flagrante capitulou os fatos no artigo 155, § 4º, inciso IV, do Código Penal e, deste modo, não arbitrou fiança, determinando o recolhimento de D à prisão, com a entrega da nota de culpa. As demais comunicações de praxe foram cumpridas, e enviado o APF ao Juízo da Vara Criminal competente.

Elaborar, na qualidade de advogado de **D**, a medida cabível visando restaurar a sua liberdade.

Obs.: Presumindo-se que o juiz indeferiu o pedido anterior, prossiga com o seu intento elaborando o instrumento jurídico pertinente.

4ª) **M**, "garota de programa", com 18 anos de idade, residente na Asa Norte de Brasília-DF, por diversas vezes, quando se encontrava em via pública à espera de clientes, fora conduzida à Delegacia de Polícia desta cidade para prestar esclarecimentos, sob a argumentação de que estava cometendo contravenção penal de vadiagem. Em razão desta atitude dos policiais, **M** perdeu, e continua a perder diversos dias de serviço, por meio do qual provê seu sustento e de sua família, sendo que as abordagens policiais continuam.

Como advogado de **M**, tome as providências jurídicas necessárias visando cessar esse constrangimento ilegal.

5ª) **F**, testemunha visual de um acidente de trânsito com vítima fatal, foi intimada pelo Delegado de Polícia da Delegacia de Sobradinho-DF, para comparecer àquela Especializada, a fim de prestar depoimento, sob pena de condução coercitiva. Esquecida do dia e hora designados para sua oitiva (10.04.2013, às 13h), **F** foi surpreendida às 16h desse mesmo dia por agentes policiais que foram até a sua residência e a conduziram algemada até àquela Delegacia, onde se encontra encarcerada aguardando ser inquirida pela autoridade policial.

Na qualidade de advogado de **F**, elabore o remédio jurídico necessário para fazer cessar o constrangimento ilegal por acaso ocorrido.

Obs.: Também deve ser avaliada a conduta da autoridade policial nos termos da Lei nº 4.898/65.

6ª) **G**, gerente da empresa de ônibus "BSB", foi intimado a prestar depoimento como testemunha perante a CPI dos Transportes na Câmara Legislativa do DF, com a advertência de condução coercitiva. Temendo sofrer constrangimentos ilegais durante a sua inquirição, haja vista que desconhecia quaisquer fatos relacionados à CPI, procurou seu advogado para ver garantidos os seus direitos constitucionais.

Como advogado de **G**, providencie a medida jurídica certa para impedir qualquer constrangimento ilegal que possa ocorrer durante a inquirição do seu cliente.

7ª) **H**, policial civil aposentado, foi abordado por um assaltante de arma em punho na saída de uma agência bancária próxima de sua residência, que lhe exigiu a carteira com dinheiro e a chave do seu veículo. Temendo ser assassinado pelo bandido armado, **H** reagiu ao assalto, sacando sua arma e disparando várias vezes contra o mesmo, que faleceu no local. Conduzido para a Delegacia de Polícia por uma viatura da PM que passava pelo local minutos depois do ocorrido, a autoridade policial de plantão, após tomar seu depoimento, o autuou em flagrante por crime de homicídio doloso (art. 121 do CP), cumprindo as exigências legais quanto à elaboração do APF, mantendo-o preso à disposição da Justiça. Recebido o auto de prisão em flagrante, o Juiz de Direito da Vara Criminal competente, com fulcro no art. 310, inc. II, do CPP, converteu a prisão em flagrante em preventiva, determinando a remessa dos autos ao Ministério Público.

Na qualidade de advogado do preso, elabore a medida jurídica cabível visando liberar seu cliente.

Obs.: Considerando-se que o juiz negou o pedido feito, dando continuidade a sua pretensão, elabore a medida pertinente.

8ª) **X** dirigia seu veículo em alta velocidade na Av. W3 Sul, desta cidade, quando atropelou imprudentemente **Y**, que atravessava corretamente a pista na faixa de pedestres. Vendo-o ensanguentado no solo, **X** parou seu carro e acionou imediatamente o Corpo de Bombeiros para socorrê-lo. Ao chegarem ao local, minutos depois, os bombeiros encontraram a vítima já sem sinais de vida. Diante disto, deram voz de prisão ao atropelador, encaminhando-o à Delegacia de Polícia mais próxima, e conduziram a vítima até o Hospital, onde fora confirmado o óbito. Na Delegacia de Polícia, a autoridade policial, alegando que **X** apresentava sinais de embriaguez, lavrou o auto de prisão em flagrante como homicídio doloso (dolo eventual - artigo 121 do Código Penal) e, deste modo, não arbitrou fiança, determinando o recolhimento de **X** à prisão, com a entrega da nota de culpa, cumprindo as demais comunicações de praxe, enviando o APF ao juiz competente, que manteve a prisão, transformando-a em preventiva.

Como advogado, elabore a medida cabível com o objetivo de soltar seu cliente.

Obs.: Levando-se em conta que o juiz indeferiu o pedido interposto, elabore a medida cabível para o caso.

Joaquim de Campos Martins

9ª) No dia 25 de dezembro de 2013, após ingerir uma lata de cerveja na sede de sua chácara, **P** pegou sua Caminhonete--S-10 e passou a conduzi-la ao longo da estrada que tangencia sua propriedade rural. Após percorrer cerca de três quilômetros na estrada absolutamente deserta, foi surpreendido por uma patrulha da Polícia Militar que lá se encontrava para procurar um indivíduo foragido do presídio local. Abordado pelos policiais, **P** saiu de seu veículo exalando fraco odor de álcool, oportunidade em que, de modo incisivo, os policiais lhe obrigaram a fazer um teste de alcoolemia em aparelho de ar alveolar (Bafômetro). Realizado o teste, foi constatado que **P** tinha concentração de álcool de 0,3 miligrama por litro de ar expelido pelos pulmões, sem que apresentasse quaisquer sinais que indicassem alteração da capacidade psicomotora. Mesmo assim, os policiais o conduziram à Unidade de Polícia Judiciária, onde foi lavrado Auto de Prisão em Flagrante pela prática do crime previsto no artigo 306 da Lei nº 9.503/1997, sendo-lhe negado no referido Auto de Prisão em Flagrante o direito de entrevistar-se com seu advogado ou com seus familiares.

Depois de dois dias da lavratura do Auto de Prisão em Flagrante, em razão de **P** ter permanecido encarcerado na Delegacia de Polícia, você (Advogado) é procurado pela família do preso, sob alegações de que não conseguiram vê-lo e que o delegado não comunicara o fato ao juízo competente, tampouco à Defensoria Pública.

Ante as informações fornecidas no caso hipotético, redija a peça cabível, com fito de obter a liberdade de seu cliente, questionando, em juízo, eventuais ilegalidades praticadas pela Autoridade Policial, alegando toda a matéria de direito pertinente ao caso.

Obs.: Reputando-se ter havido indeferimento do pleito antecedente, em continuação elabore a medida própria ainda cabível.

Vade-Mécum dos Remédios Jurídicos de
Defesa da Liberdade Individual de Locomoção

10ª) Durante uma blitz, um policial militar simulou a descoberta de arma de fogo e substância entorpecente no porta-malas do veículo de **Z**, que foi preso em flagrante. O APF foi lavrado com observância de todos os requisitos legais e enviado ao juiz no prazo legal. O advogado de **Z** apresentou pedido de relaxamento de prisão ao juiz de plantão, que indeferiu o pedido, sob o fundamento de que as prisões provisórias não ofendem os preceitos constitucionais. Nesta situação hipotética, providencie a medida cabível objetivando conseguir a liberdade de **Z**.

Capítulo VIII - Conclusões Finais

Pelo que foi exposto neste modesto trabalho jurídico, esperamos ter deixado claro ao leitor que a regra ora defendida, ressalvadas as exceções mencionadas, consiste na ideia de que a pessoa humana só pode perder a sua liberdade física depois de ter sido investigada, acusada, processada e condenada definitivamente pela Justiça, de conformidade com os ditames do devido processo legal, em decorrência de prática criminosa prevista expressamente em lei formal.

Isso tem que ser assim porque vivemos sob a égide de um Estado Democrático de Direito, onde não se admite qualquer julgamento sumário, já que o Brasil adotou como um dos seus princípios constitucionais o da presunção de inocência.

Portanto, somente de forma excepcional é que se admite a realização de prisões cautelares no direito pátrio. Ainda assim, desde que observados os princípios fundamentais que norteiam o processo penal vigente, conforme fora afirmado insistentemente no decorrer deste estudo.

É bom deixar bem esclarecido que não estamos aqui defendendo a existência de uma Justiça Criminal frouxa ou tolerante, impedida de exercer a sua função punitiva.

Não resta dúvida de que a criminalidade chegou a nível insuportável em nosso País. No entanto, não se pode solucionar o problema transformando a prisão cautelar em prévia execução da pena.

Cremos que a delinquência deve ser combatida por meio de políticas sociais eficientes, que garantam o cumprimento da lei com respeito aos direitos fundamentais do cidadão, para que tenhamos a certeza da punibilidade sob a garantia de um processo criminal justo, com atuação de um sistema penitenciário verdadeiramente humano, educativo e ressocializador.

Joaquim de Campos Martins

Por tudo isso, o primeiro passo a ser dado pelo advogado na defesa de seu constituinte, preso de modo arbitrário, injusto ou ilegal, é lutar incontinenti pela sua soltura, verificando possíveis ilegalidades ou irregularidades ocorridas em relação à prisão, a fim de conseguir com a maior brevidade possível a sua liberdade, evitando, com isto, que seja mantido recluso nos superlotados e desumanos cárceres deste País.

A partir daí, poderá dedicar-se com maior tranquilidade à elaboração de outras defesas técnicas que se fizerem necessárias, zelando para que os cidadãos tenham a plena proteção jurídica contra a prisão injusta ou ilegal, em homenagem ao princípio da presunção de inocência que representa o coroamento do devido processo legal no direito brasileiro.

Nessa perspectiva, esperamos ter contribuído de alguma forma para o esclarecimento e aplicação do conteúdo abordado, e que este vade-mécum seja de grande valia e praticidade a todos aqueles que pretendem atuar na área do Direito Criminal, deixando clara a impossibilidade absoluta de esgotamento do assunto nesta oportunidade.

O autor

Bibliografia

-ALMEIDA, Joaquim Canuto Mendes de. Princípios fundamentais do processo penal. São Paulo: RT, 1973.

-AMARAL, Cláudio do Prado; SILVEIRA, Sebastião Sérgio da. Prisão, liberdade e medidas cautelares no processo penal. Leme/SP: JH Mizuno, 2011.

-ARAÚJO, José Osterno Campos de. Verdade processual penal - limitações à prova. 1. ed. (ano 2005), 2. reimpressão. Curitiba: Juruá, 2007.

-ÁVILA, Humberto. Teoria dos Princípios – da definição à aplicação dos princípios jurídicos. 8. ed. São Paulo: Editora Malheiros, 2008.

-BASTOS, Celso Ribeiro. Curso de direito constitucional. 22. ed. São Paulo: Malheiros, 2010.

-BECCARIA, Cesare. Dos delitos e das penas. Tradução: Torrieri Guimarães. São Paulo: Martin Claret. 2002.

-BITENCOURT, Cézar Roberto. Falência da pena de prisão. 3. ed. São Paulo: RT, 1993.

-BOBBIO, Norberto. Igualdade e liberdade. Trad. Carlos Nelson Coutinho. 3. ed. Rio de Janeiro: Ediouro, 1997.

-BOTTINO, Thiago. O direito ao silêncio na jurisprudência do STF. São Paulo: Campus Jurídico, 2009.

-BRANCO, Teles Castelo. Da prisão em flagrante. 5. ed. São Paulo: Saraiva, 2001.

-CABRAL NETO, Joaquim. Instituições de processo penal. Belo Horizonte: Del Rey, 1997.

-CALAMANDREI. Piero. Eles, os juízes, vistos por um advogado. São Paulo: Martins Fontes, 1997.

-CALDAS, Gilberto. Como traduzir e empregar o latim forense: dicionário de latim forense. 20. ed. São Paulo: Edipax, 1997.

-CÂMARA, Luiz Antonio. Medidas cautelares pessoais. Prisão e liberdade Provisória. 2. ed. Curitiba: Juruá, 2011.

-CANOTILHO, José Joaquim Gomes. Direito constitucional e teoria da Constituição. 3. ed. Coimbra: Almedina, 1999.

-CARNELUTTI, Francisco. As misérias do processo penal. Trad. José Antônio Cardinalli. Campinas: Conan, 1995.

-CARVALHO ZACARIAS, André Eduardo de. Teoria e prática do mandado de segurança em matéria criminal. São Paulo: Editora Jurídica, 2003.

-CAPEZ, Fernando. Curso de processo penal. 18. ed. São Paulo: Saraiva, 2011.

-Constituição da República Federativa do Brasil – Coleção Saraiva de Legislação – 47. ed. São Paulo: Saraiva, 2012.

- DALLARI, Dalmo de Abreu. O Renascer do direito, 2. ed. Corrigida. São Paulo: Saraiva, 1996.

-DERMECIAN, Pedro Henrique; MALULY, Jorge Assaf. *habeas corpus*. Rio de Janeiro: Aide, 1995.

-DIAS, Augusto Silva. RAMOS, Vânia Costa. O direito à não auto-inculpação (Nemo tenetur se ipsum accusare) no processo penal e contra-ordenacional português. Lisboa: Coimbra Editora, 2009.

Bibliografia

-FERREIRA CUSTÓRIO, Antônio Joaquim. A constituição federal interpretada pelo STF. 9. ed. São Paulo: Juarez de Oliveira, 2008.

-FERREIRA FILHO, Manoel Gonçalves. Direitos humanos fundamentais. 14. ed. São Paulo: Saraiva, 2012.

-FÜHRER, Maximiliano Roberto Ernesto. A nova prisão e as novas medidas cautelares no processo penal. São Paulo: Malheiros, 2011.

-GOMES, Luiz Flávio e MAZZUOLI, Valério de Oliveira. Comentários à convenção americana sobre direitos humanos: Pacto de San José da Costa Rica. 2. ed. São Paulo: RT, 2009.

---------- Princípio da não auto-incriminação: significado, conteúdo, base jurídica e âmbito de incidência. Disponível em http://www.lfg.com.br 26 janeiro. 2010.

-GRINOVER, Ada Pellegrini; FERNANDES, Antonio Scarance; GOMES FILHO, Antonio Magalhães. As nulidades no processo penal. 9. ed. São Paulo: RT, 2006.

-IHERING, Rudolf Von. A luta pelo direito. Tradução de João Vasconcelos. 16. ed. Rio de Janeiro: Forense, 1997.

-JESUS, Damásio E. de. Código Penal anotado. 21. Ed. São Paulo: Saraiva, 2012.

---------- Código de Processo Penal anotado. 25. ed. São Paulo: Saraiva, 2012.

-KELSEN, Hans. Teoria pura do direito. 5. ed. Trad. João Baptista Machado. São Paulo: Martins Fontes, 1996;

-LUZ, Valdemar P. da. Manual do advogado. 23. ed. São Paulo: Conceito Editorial, 2011.

-MALULY, Jorge Assaf. DERMECIAN, Pedro Henrique. Curso de processo penal. 8. ed. Rio de Janeiro: Forense, 2012.

-MARQUES, José Frederico. Elementos de direito processual penal, Campinas: Bookseller, 1997.

-MARTINS, Joaquim de Campos. A prisão Civil do Alimentante Inadimplente. Revista Jurídica Consulex, jan.1997.

----------A importância do assistente de acusação na apuração dos crimes contra a dignidade sexual. Jus Navigandi, Teresina, ano 17, n. 3117, 13 jan. 2012.

MEIRELLES, Hely Lopes. Mandado de Segurança e *Ações Constitucionais*. (Edição atualizada por Arnoldo Wald e Gilmar Ferreira Mendes). 33 ed. São Paulo: Malheiros Editores, 2010.

-MELO, Celso Antônio Bandeira de. Curso de direito administrativo. 29. ed. São Paulo: Malheiros, 2012.

-MIRABETE, Julio Fabbrini. Código de Processo Penal interpretado. São Paulo: Atlas, 1994.

MIRANDA, Jorge. Manual de Direito Constitucional. Tomo IV. Direitos Fundamentais. 2. ed. Coimbra: ed.Coimbra, 1993.

-MONTESQUIEU, Charles de Secondat. O Espírito das leis. Tradução Pedro Vieira Mota. 4. ed. São Paulo: Saraiva, 1996.

-NORONHA, Eduardo Magalhães. Curso de processo penal, 19. ed. São Paulo: Saraiva. 1994.

-NUCCI, Guilherme de Souza. Manual de processo e execução penal. 9. ed. revista, atualizada e ampliada. São Paulo: RT, 2012.

----------Princípios constitucionais penais e processuais penais. 2. ed. São Paulo: RT, 2012.

----------Prática forense penal. 5. ed. São Paulo: RT, 2011.

Bibliografia

-PERELMAN, Chaim. Lógica Jurídica: nova retórica. Tradução de Vergínia K. Pupi. 2. ed. São Paulo: Martins Fontes, 2004.

-QUEIJO, Maria Elizabeth. O direito de não produzir prova contra si mesmo (o princípio *Nemo tenetur se detegere* e suas decorrências no processo penal). 2. ed. São Paulo: Saraiva, 2012.

-ROSAS, Roberto. Direito sumular. 14. ed. São Paulo: Malheiros, 2012.

-ROXIN, Claus. Política criminal y sistema del derecho penal. Trad. Francisco Muñoz Conde. 2. Ed. Buenos Aires: Hammurabi, 2002. Trad. Francisco Muñoz Conde.

-SAMPAIO JÚNIOR, José Herval. CALDAS NETO, Pedro Rodrigues. Manual de prisão e soltura: sob a ótica constitucional. São Paulo: Método, 2007.

-SILVA, José Afonso da. Comentário contextual à constituição. 7. ed. São Paulo: Malheiros, 2010.

-SILVA, De Plácido e. Vocabulário jurídico. 29. ed. Rio de Janeiro: Forense, 2012.

-TAQUARY, Eneida Orbage Britto; LIMA, Arnaldo Siqueira de. Temas de direito penal e direito processual penal, 3. ed. Brasília: Brasília Jurídica, 2005.

-TOURINHO FILHO, Fernando da Costa. Código de Processo Penal comentado. Vols. 1 e 2. 14. ed. São Paulo: Saraiva, 2012.

----------Manual de processo penal. 15. ed. São Paulo: Saraiva, 2012.

-TUCCI, Rogério Lauria. Direitos e garantias no processo penal brasileiro. 4. ed. São Paulo: RT, 2011.

-Vade Mecum Saraiva: 14. ed. 2012.

165

-ZAFFARONI, Eugenio Raul. Em busca das penas perdidas, tradução de Vania Romano Pedrosa e Amir Lopes da Conceição, 5. ed. Rio de Janeiro: Revan, 2001.

A atuação na advocacia criminal nos fez sentir a necessidade de ter, num mesmo manual, os remédios jurídicos próprios de defesa da liberdade individual de locomoção, acompanhados de orientações práticas e reflexões teóricas, inclusive sobre a prisão e demais medidas cautelares no processo penal, a fim de facilitar o trabalho daqueles que atuam nesta área jurídica.

Não é um livro para mestres ou doutores em ciências penais, nem tampouco para consagrados criminalistas, mas um simples vade-mécum onde os estudantes e estagiários de Direito, aspirantes à advocacia criminal, encontrarão orientações precisas sobre os primeiros passos a serem dados em defesa da liberdade individual de locomoção, seja na esfera policial ou judicial.

A obra é resultado da soma das experiências por nós adquiridas na condição de aprendiz (que perenemente todos somos), magistério e, por fim, do exercício da atividade jurídica.

O autor